AF366498

ERRATA

NOTICE

Page 7, ligne 15, lire : *...car, deux ans après son retour d'Allemagne....*
  ,, 9,   ,,   28, lire : *...sourcilleuse...*
  ,, 13, ,,   2, lire :*...à Ambroise de la Porte, de qui la mère venait....*
  ,, 14, ,,   12, lire : *La Nympheste qui m'a ravy....*

TEXTE DE RONSARD.

Page   27, vers 21, lire : *D'un si plaisant maniment*
  ,,   42,   ,,   23, lire : *Et, le trempant au just des aux*
  ,,   42,   ,,   28, lire : *D'une faim merveilleuse, a pris*
  ,,   49,   ,,   26, lire : *Lors, certes, je ne voudroy*
  ,,   52,   ,,   13, lire : *Et de mille autres jeux plaisans,*
  ,,   57,   ,,   11, lire : *J'en-voy tous herissez de peaux;*
  ,,   62,   ,,   5, lire : *Dedans l'antre Nyssien,*
  ,,   67,   ,,   12, lire : *Forcene, enragé.*
  ,,   67,   ,,   16, lire : *Et ces jazardes sonnettes;*
  ,,   67, après le vers 27, ajouter : *En un rond s'assemblant,*
  ,,   73, vers 23, lire : *Dextre vien à ceux*
  ,,   75,   ,,   2, lire : *Affin, Muret, qu'heureusement je vive ?*
  ,,   86,   ,,   4, lire : *Tout ce monde qui nous enserre ?*
  ,,   93,   ,,   5, lire : *Lance, vraiment, qui ne fus....*

NOTES ET VARIANTES

Page 132, ligne 12, lire : *....pas après 1553, au moins du consente-*
                                       ment de son auteur.

GLOSSAIRE

Page 147, ligne 1, lire : *....Acrisius, roi d'Argos,...*
  ,, 150,   ,,   22, lire : *....de la piqure d'un scorpion,...*
  ,, 151,   ,,   15, lire : *....le lapin, ou counilleau....*
  ,, 152,   ,,   33, lire : *....Les Grecs....*
  ,, 153,   ,,   1, lire : *....par les Latins....*
  ,, 159,   ,,   9, lire : *....montagne que...*
  ,, 164,   ,,   1, lire : *...parmi les Immortelles...*
  ,, 164,   ,,   29, lire : *....portent souvent....*
  ,, 165,   ,,   5, lire : *...sagittatus, atteint d'une flèche*
  ,, 165,   ,,   24, lire : *....coricidum choris.*

LIVRET DE FOLASTRIES

A JANOT PARISIEN

POUR PARAITRE PROCHAINEMENT :

Pierre de Ronsard

LA BOUQUINADE
ET AUTRES GAILLARDISES

Εἰς τὴν εἰκόνα τοῦ Ρωνσάρδȣ
μύρτῳ ἐϛεφανωμένȣ.
Κύπριδος ἔργ᾽ ᾄδοντα, τὸ κύπριδος ἔϛεφε δίνδρον.
Κύπριδος ὑμνοπόλῳ ϛέμμα πρέπει κύπριδος.
Βαϊφίȣ.

PORTRAIT DE LA PREMIÈRE ÉDITION DES *AMOURS*, 1552.

LES MAITRES DE L'AMOUR

PIERRE DE RONSARD

LIVRET

DE

FOLASTRIES

A JANOT PARISIEN

ÉDITION CONFORME
AU TEXTE ORIGINAL DE 1553

COLLATIONNÉE SUR L'EXEMPLAIRE
DE LA BIBLIOTHÈQUE DE L'ARSENAL ;
AUGMENTÉE D'UNE BIBLIOGRAPHIE DE
CHAQUE PIÈCE, DE TOUTES LES VARIANTES,
D'UN GLOSSAIRE ET D'UNE NOTICE

PAR

FERNAND FLEURET ET LOUIS PERCEAU

PARIS
BIBLIOTHÈQUE DES CURIEUX
4, RUE DE FURSTENBERG, 4

1920

NOTICE

" Lisez un petit livre, dit Estienne Pasquier, (¹) qu'il intitula
les *Folastries*, où il se dispensa plus licencieusement qu'ailleurs
de parler du mestier de Venus (et pour cette cause l'a depuis
retranché de ses œuvres) : il seroit impossible de vous en
courroucer sinon en riant. " Ce petit livre, où Pierre de
Ronsard " passe d'un long entrejet des Poëtes qui voulurent
faire les sages (²) ", parut au mois d'avril 1553, chez la
Vᵛᵉ Maurice de La Porte, l'éditrice des *Amours*, un peu plus
d'une année après les *Juvenilia* de Marc-Antoine de Muret. A
l'exception de la *Folastrie II*, écrite en 1552, et des *Dithy-*
rambes, écrits au mois de février 1553, les pièces qui composent
le *Livret* dateraient, d'après Ronsard lui-même, du temps qu'il
était encore jeune garçon. Par cette fausse assertion, le poëte
cherchait une excuse à la licence de sa plume (³), car, à son
retour d'Allemagne, en 1543, c'est-à-dire à l'âge de dix-neuf
ans, il ignorait les langues anciennes, et ce ne fut qu'à partir
de cette date qu'il les étudia de concert avec Baïf. Si l'on tient
compte de son labeur acharné et des dons naturels qui lui permirent, encore sur les bancs de la classe, de traduire le *Plutus*
d'Aristophane, il faudra donc attendre jusqu'aux environs de

(¹) *Rech. de la France*, Liv. VII, chap. VI.

(²). Id., ib.

(³) Ce fut celle de la plupart des auteurs de *Juvenilia*, dont le titre
même veut être un plaidoyer. La crainte des censeurs fait reprendre à
Ronsard deux vers de Catulle, qu'il place en épigraphe. Maynard imitera
de même, la Vᵉ épigramme de Martial, L. I, *Ad Cesarem :*

Lasciva est nobis pagina, vita proba est.

" Ma muse est une putain,

Mais ma vie est une sainte. "

1547, époque de son *Ode à Jacques Pelletier*, sa première œuvre imprimée, pour le trouver capable de démarquer savamment Catulle et les poètes néo-latins. Mais il est plus vraisemblable que Ronsard rima les *Folastries* de 1547 à 1553, soit entre vingt-trois et vingt-neuf ans. Il n'était plus "jeune garçon".

En même temps que d'une excuse, Ronsard usait d'un artifice pour faire passer comme naturelle l'affectation de naïveté qui règne en ce recueil, naïveté qu'il renouvelait de Catulle, de Jean de Meung et de Clément Marot. Ainsi que l'a fait remarquer M. Paul Laumonier dans *Ronsard, poète gaulois* (¹), il cherchait alors, après les odes pindariques et les sonnets pétrarquistes de 1550 à 1552, à plaire à la bourgeoisie et au peuple. Il ne pouvait mieux leur plaire, en effet, qu'en reprenant le ton des ouvrages encore à la mode, où ces classes, en retard sur la nouveauté et rebelles à l'innovation, goûtaient sans effort l'esprit moyen de la race. Mais il serait plus juste d'écrire qu'il n'emprunta à ces préférés du vulgaire que " la peau et la couleur ", comme le conseillait Du Bellay (²), et que — toujours selon la *Défense et Illustration* — il " chercha dans les Anciens... une forme de poésie beaucoup plus exquise ". " Adopte moy en la famille françoise, dit l'auteur du manifeste, ces coulans et mignars hendecasyllabes, à l'exemple d'un Catulle, d'un Pontan et d'un Second. " (³)

Le poète des *Folastries* n'adopta pas l'hendécasyllabe latin : il traduisit dans l'ancien octosyllabe à rimes plates ces modèles alexandrins, dont le premier avait été paraphrasé par Sainct-Gelays dans l'*Epitaphe d'un Passereau*. Que Ronsard ait pratiqué le conseil de Du Bellay, qu'il suivît une inspiration propre, ou qu'il attendît, comme le pense M. Paul Laumonier (⁴), les conférences que fit Muret en 1552 sur Catulle et ses imitateurs, nous n'en débattrons pas ici, car tel n'est pas notre but. Qu'il

----

(¹) *Revue de la Renaissance*, Juillet 1902.
(²) *Déf. et Illustr.* Liv. II, chap. II.
(³) Id., ib., chap. IV.
(⁴) *Ronsard, Poète Lyrique*, Paris, Hachette, 1909.

soit donc entendu, avec le savant auteur de *Ronsard Poète
Lyrique*, dont l'ouvrage ne laisse rien à glaner, que l'influence de
Catulle est constante et se fait sentir jusque dans le titre des
Folastries, où se retrouvent *nugæ, lusus* et *ineptiæ* ([1]), par quoi
l'ami de Cornélius Népos désignait ses vers badins.

Ce qui nous occupe particulièrement est le parti que Ronsard
sut tirer, non seulement de Catulle, poète satyrique, en mariant
comme lui le réalisme à la grâce, et le lyrisme à la bouffonnerie,
mais encore de tout ce qu'il croyait savoir des origines de la
Satire. Car nous envisageons les *Folastries* comme des satires,
et Ronsard comme le père des satiriques français, nourri de la
sève gauloise des *Carmina Burana*, du *Jardin de Plaisance* ([2]), de
la *Récréation et Passe-Temps des Tristes*, des *Fleurs de Poésie
françoise*, des gaillardises de Marot et de Sainct-Gelays. La
critique ne surprendra personne en faisant dériver des *Discours
des misères de ce temps*, de la *Response à quelques prédicants*, et
autres poèmes, un Agrippa d'Aubigné et un Mathurin Regnier,
pour ne citer que ces deux illustres représentants d'un genre
encore mal étudié. Mais il est moins commun de rattacher aux
Folastries l'école que nous nommerons celle des Recueils Satyriques, et qui semble s'être autant inspirée de la seconde édition
du *Livret*, dite subreptice, de 1584, que des modèles italiens des
Rime Piacevoli.

Nous avons, aujourd'hui, une conception si différente de la
Satire, qu'assimiler à ce genre les *Folastries* ne manquera pas
d'étonner la plupart des lecteurs. Rien, en effet, qui rappelle
les vers héroïques de Juvénal ou de Perse, tous deux masqués
d'une soucilleuse dignité, ni même ceux d'Horace, où l'intention
morale est toujours apparente. Mais telle ne fut pas, avant

([1]) Pierre des Mireurs lui-même, dans sa lettre latine, traduit *Livret de
Folastries* par : *Libellus Ineptiarum.* Le lecteur se souvient, en outre, de la
Mère-Sotte et des *Soties*, forme primitive de nos satires.

([2]) Au sujet de ces recueils, voir *Rondeaux, Ballades et autres Pièces
joyeuses du XVe siècle*, publiés par Pierre Champion, Paris, 1907 (p. 6), et
ce que nous en disons nous-mêmes dans la préface de notre *Sigogne*.

Boileau, l'idée que l'on se faisait communément de la Satire. Elle ressortissait à la poésie rustique et familière, prompte à l'épigramme raillarde, et fort encline aux passe-temps amoureux du peuple et des bergers. Elle ne devenait discoureuse que par aventure, quand un grave événement politique,ou quelque crime odieux,soulevait l'indignation nationale, et que celle-ci chargeait tacitement le Poète de l'exprimer par les artifices de son langage supérieur. La Satire devenait alors une arme redoutable, comme le fut le bâton pastoral des Chèvre-pieds,enguirlandé de pampres et de lierre, lorsque Bacchus revint triomphalement des Indes, et força les portes rebelles du roi Penthée. Autrement, " elle adoucissoit ses sornettes et brocards ", dit Vauquelin de la Fresnaye, de sorte que " ceux à qui il importoit de s'en ressentir les comportèrent doucement." (¹)

Enfin, les uns croyant que le mot Satyre dérivait de *Satyrus*, et les autres de *Satura*, de la confusion générale et de la " contamination " naquirent les lois du genre : l'humeur piquante et licencieuse des compagnons de Nysée, et la variété dans le sujet — que l'on nomme aujourd'hui *fantaisie*, — justifiée par la dérivation de *lanx satura*, ou bassin rempli de toutes sortes de fruits. (²) Et comme Ronsard, nourri d'hellénisme, faisait remonter l'origine de la Satire à celle du Théâtre grec, quand, au bruit de vers raboteux, l'on sacrifiait encore un bouc à Dionysos, il ne manqua pas de terminer les *Folastries* proprement dites par les *Dithyrambes au bouc de Jodelle*. Il accusait par là sa volonté d'avoir écrit des satires, c'est-à-dire des pièces enjouées ou parodiques, d'un style bas et commun, — relevé, toutefois, par les grâces catulliennes et la malicieuse naïveté gothique. " C'est faute d'avoir connu de semblables œuvres, dit M. Paul Laumonier, que les critiques ont trop souvent jugé la muse de Ronsard exclusivement gréco-latine et anti-gauloise."(³)

(¹) *Discours sur la Satyre*. Cf. : *Les Diverses Poésies* de Jean Vauquelin, Sᵣ de la Fresnaye, publ. et ann. par Julien Travers, Caen, 1869, t. I.

(²) Cf. *Dict. Etymol. de Ménage* : Satyre.

(³) *Ronsard, Poète gaulois*. Revue de la Renaissance, juillet 1902.

* *

Il est hors de doute que le *Livret* de 1584 eut une influence profonde sur Guy de Tours et Gilles Durand, entre autres, et, finalement, sur Sigogne et Motin, comme la première édition de 1553 sur les contemporains de Ronsard, parmi lesquels le charmant Olivier de Magny. La *Muse folastre* de 1600, qui tire son nom des dix *Folastries* qu'elle contient, et qui est le premier des Recueils Libres du XVIIe siècle ; les *Muses gaillardes* de 1609, dont les mêmes *Folastries*, réunies sous le nom de *Gaillardises*, ont inspiré le titre, attestent la dérivation de la nouvelle école satirique de la propre veine de Ronsard. On peut même considérer ces deux recueils comme des manifestes littéraires, d'autant que ni Malherbe ni Maynard ne figurent dans le premier, que le second ne leur fait honneur que de trois pièces en tout, et qu'enfin celles de Jacques Pelletier, Belleau, Jodelle, Gauchet, Passerat et Desportes y prennent une valeur offensive. Ainsi donc, la seconde *Brigade*, qui comptait Mathurin Regnier parmi ses représentants les plus éminents, choisissait dans l'Œuvre du chef de la Pléiade la partie la moins caduque, la plus traditionnellement française, la plus capable d'émouvoir " le peuple et la bourgeoisie ", pour l'opposer au génie sévère de Malherbe, poète de cour et grammairien tyrannique. (¹)

De 1609 à 1626, l'école satirique n'aura guère d'autre véhicule que les Recueils ; mais ces floriléges licencieux, qui firent sa renommée et lui permirent de tenir tête à l'adversaire, furent aussi la cause de sa déchéance. Il est vrai qu'il faut compter avec la mort de la plupart de ses membres, Regnier, Sigogne, Motin et Berthelot, ravis presque en même temps à la fleur de l'âge ; toutefois, c'est aussi à l'abstention intéressée de

(¹) Ils montrèrent ainsi beaucoup plus de ruse et de sens critique que Claude Garnier, poète au-dessous du médiocre, qui s'en tenait ostensiblement à l'imitation servile de l' " ode pindarique " et des tournures ronsardiennes.

Malherbe et de Maynard que Théophile dut d'être condamné.
Le retentissement de son procès détourna les libraires de réunir
d'autres *Cabinets* et d'autres *Parnasses*, et le parti de Malherbe
triompha sur la chute du dernier rebelle. Le grand Classicisme
allait se développer sans entraves, au milieu de l'attention unanime.
Le reproche d'athéisme lancé contre Ronsard au sujet d'une
pièce des *Folastries* (¹), et repris contre Théophile, devait l'être
derechef, seize ans après la mort de ce dernier, par un contemp-
teur anonyme de l'école vaincue, qui la traite emphatiquement
d'Ecole d'Asmodée... (²)

Si l'influence du *Livret de Folastries* sur les collaborateurs des
Recueils est manifeste, du moins elle ne les assujettit pas à
l'imitation servile. Elle éveille en eux le retour à la poésie
marotique, voire au Coq-à-l'âne, rejeté par Du Bellay, aux
contes épigrammatiques à la manière de Mellin, au parler
populaire et aux termes techniques des arts et des métiers, dont
Ronsard et l'auteur de la *Défense* recommandaient l'emploi. Ce
sont là les petits moyens desquels ils se servent, souvent avec
bonheur, pour galantiser à la gauloise, et satiriser qui un man-

----

(¹) Les *Dithyrambes*. Voir aux Notes et Variantes.

(²) Cf. Frédéric Lachèvre, *Rec. Collect. Libres et Satyr.* Paris, Champion,
1914. Citation d'un passage de la *Courtisane déchiffrée*, dédiée aux dames
vertueuses de ce Temps. Paris, 1642, in-8, par I. F. C. D. S. S.

" ... Il semble que parmy les chrétiens et dans les cours des Roys et des
Princes, le plus agréable divertissement soit la lecture de quantité de livres
de Poëtes et d'autant plus recherchez que leurs inventions ne sont que
d'actions de Luxure, de volupté, d'artifices d'Amour pleins de termes
villains, desbordez et qui ne ressentent que la lascivité et entretiens de
lieux infâmes et de personnes qui ne font mestier et marchandise de
lascivité et d'adresses deshonnestes de Courratiers d'Amour. Et néanmoins
le malheur du temps est tel que tels livres de Poëtes sont les plus chéris,
non seulement des Courtisans et Courtisanes mais de la pluspart des jeunes
fols et jeunes foles, d'autant que telle lecture qui entretient et nourrit leur
humeur lubrique, leur plaist, et n'en peuvent gouster d'autre : et tels sont
le *Parnasse Satyrique*, les *Muses Folastres*, le *Moyen de Parvenir* et autres
Poësies (*sic*) estudiées en l'Escole d'Asmodée et dignes d'estre victimées et
consacrées à Vulcan... "

teau, qui une barbe, un nez, une épée, etc... Mais à cette familiarité et cette bonne humeur, ils ajoutent une bouffonnerie qui n'appartient pas à Ronsard, qu'ils ont prise au Berni, et que le langage *soudardant* de la Cour rend volontiers malsonnante. Quant à Catulle, ils ne se sont guère soucié que des épigrammes contre la maîtresse de Mamurra et contre Rufus. Avant tout autre, leur thème préféré est celui de Catin, d'où sont sorties tant de *Perrettes*, de *Macettes*, de matrules, de vieilles ribaudes, et c'est en leur honneur qu'ils reviennent aux humanités pour démarquer Ovide, Horace et Properce. Bref, ce que Ronsard avait écarté avec une discrétion toute française, ils s'appliquent à l'amonceler. Comme nous le disait un spirituel professeur, en s'excusant de l'anachronisme : c'est le Musée Dupuytren...

Un seul, Mathurin Régnier, que sa grande culture préparait à de précieuses moissons, a vraiment fait fructifier l'enseignement de Ronsard en ce qui touche la Satire, car, de son génie, que l'on peut diviser en deux parts, il en est une, et non la moindre, qui doit sa fantaisie, sa grâce, la fraîcheur de son éclat, à l'auteur des *Folastries*.

Mais retournons à la publication du *Livret*, pour ne point dépasser les bornes d'une modeste étude.

⁂

La paternité du *Livret de Folastries* fut déniée à Ronsard par Aimé Martin, dans une note qui se lit au catalogue de sa vente, et que M. Adolphe van Bever a reproduite. [1] L'erreur la plus importante est celle de l'Abbé Goujet [2]. Trompé par une *Gayeté* d'Olivier de Magny, il attribue le recueil à Ambroise de la Porte, frère aîné du libraire de ce nom mort en 1553, et de qui la veuve venait de publier le petit ouvrage de Ronsard. La *Gayeté* si mal interprétée n'est qu'un remerciement du

[1] Dans son édit. du *Livret*, Paris, Mercure de France, 1907 ; Introduction, p. 34, note 2.
[2] *Bibl. franç.* t. XII, p. 27.

poëte lyonnais à cet Ambroise de La Porte, lui-même ami de Ronsard, qui lui avait fait remettre un exemplaire des *Folastries*.

> " Lorsque ton garçon j'aperçeuz,
> Lorsque ce livret je reçeuz,
> Ce livret de doctes folies,
> Qui de ses Graces bien polies,
> Et qui pour estre ainsi parfaict,
> Nous descouvre assez qui l'a faict,
> Sçais-tu que je faisois, La Porte ?
> Je folastrois en mainte sorte
> Avec la Nymphe en qui je vy,
> Le nympheste qui m'a ravy...

La preuve de la paternité de Ronsard est la lettre latine que le médecin dieppois Pierre des Mireurs adressait à Jean de Morel pour le remercier de lui avoir envoyé les *Folastries*. M. Pierre de Nolhac l'a reproduite et commentée dans la Revue d'Histoire Littéraire de la France ([1]). Cette lettre, datée du 30 juin 1553, contient, en outre, de précieux indices sur l'état d'esprit des amis et des adversaires du poëte, après lecture des *Folastries*. Les premiers, désignés par l'épithète de stoïciens, et que l'on croit être Michel de l'Hopital, Robert de la Haye et Nicolas Denisot, n'accueillirent qu'avec gêne cette Muse échevelée qui semblait plutôt descendre des montagnes de Thrace que des douces pentes pympléennes ; les seconds, qualifiés de censeurs, et dans lesquels il est facile de reconnaître les huguenots, naguère indulgents aux *Juvenilia* de Bèze, ne cachèrent par leur irritation, et se promirent en secret d'user

([1]) Année 1899, t. 6 : *Documents nouveaux sur la Pléiade*. Voir aussi *les Odes, Enigmes et Epigrammes* de Charles Fontaine, Lyon, 1557 (privilége oct. 1555) :

> Ne creins, ne creins, Ronsard, ce doux stile poursuivre,
> Stile qui te fera, non moins que l'autre vivre,
> Autre obscur et scabreux, s'il ne faict à blâmer,
> Si se fait-il pourtant trop plus creindre qu'aymer.

contre le poëte des armes qu'il leur fournissait en riant. Voilà ce que redoutaient les amis de Ronsard, ce qui les rendait sourcilleux !... Cependant, Pierre des Mircurs s'applique à chercher des atténuations à la légèreté du poëte. Il rappelle à Morel, autre *stoïcien*, l'exemple d'Ange Politien, de Bembo, de Jean Second, d'Antonio Beccadelli — l'auteur de l'*Hermaphrodite de Panormita* — ; l'exemple de Buchanan, à qui la Cour pardonna son *Lenæ defensio*, et, enfin, celui de Marot et de Sainct-Gelays. Il reconnait, toutefois, que le poëte a dépassé les bornes de la bienséance, et qu'il doit appliquer son talent à des sujets plus en accord avec sa vie, comme celui de l'*Hercule Chrétien*...

Morigéné par l'Hospital et les *stoïciens*, surveillé par les Huguenots, Ronsard n'eut garde de reproduire le *Livret de Folastrie ;* mais il en dispersa presque toutes les pièces dans ses Œuvres, (¹) et en accrut les *Gayetés* de quelques-unes. C'est pourquoi l'édition du *Livret* de 1584, dite subreptice, ne parait pas avoir été faite par les soins du poëte, bien qu'elle soit plus correcte que la première et qu'elle se trouve grossie de deux pièces. On croit communément qu'elle fut une manœuvre des Réformés pour réduire à néant la tâche que Ronsard avait entreprise d'expurger ses œuvres de licence amoureuse et dogmatique. L'édition de 1553 était devenue rare, et peut-être l'auteur et ses amis l'avaient-ils épuisée à dessein. Quoi qu'il en soit, il faut se garder de rien tabler à ce propos sur un passage du *Temple de Ronsard*, de Jacques Grévin.

> " *Le livre qu'il avoit escrit follastrement,*
> *Apprenant, comme il dit, la vertu dans l'estude,*
> *Receut du parlement une sentence rude*
> *Comme estant avorté, et pour n'estre point veu,*
> *Fut condamné deslors d'estre mis dans le feu,*
> *Dont, depuis ce temps-là, sa vertu desolée*
> *N'apparut dans Paris où elle fut bruslée.* "

(¹) C'est encore là une preuve formelle de la paternité de Ronsard.

C'est, en effet, une calomnie qu'un arrêt du Parlement ait condamné un ouvrage pourvu d'un privilège authentique. Il eût fallu un recours que le Tribunal ecclésiastique n'aurait eu cure de demander contre le défenseur de l'Eglise et le favori du roi; rien, d'ailleurs, dans le recueil des Arrêts, ne justifie la perfide assertion de Grévin. Mais ce fut peut-être sur cet antécédent imaginaire que se fonda le Tribunal de la Seine pour condamner à la destruction l'édition Gay de 1863. De ce fait, il la rendit presque aussi rare que l'originale, dont il reste peut-être deux ou trois exemplaires, en sus de celui de l'Arsenal.

*
* *

Nous reproduisons le texte intégral de l'édition de 1553, soigneusement revu sur l'exemplaire de l'Arsenal (Réserve B.-L. 6561). En raison des ressources insuffisantes de la typographie actuelle, nous n'en avons retranché que les citations de l'Anthologie grecque, qui précèdent chaque Epigramme. Un livre comme celui-ci doit être accompagné de notes assez nombreuses ; pour conserver autant que possible l'aspect de l'ouvrage ancien, nous les avons renvoyées à la suite, et divisées en trois parties :

I. — BIBLIOGRAPHIE. Après une description des éditions de 1553 et 1584, ainsi que des quelques réimpressions modernes, nous donnons une Bibliographie détaillée de chacune des pièces du *Livret*. (¹)

II. — VARIANTES. On trouvera dans cette subdivision toutes les variantes fournies par les éditions contemporaines de Ronsard, sauf celles qui ne portent que sur l'orthographe. Nous avons fait précéder ces Variantes de notes succintes sur les sources de chaque pièce, et, quand il y a lieu, de commentaires historiques

(¹) Nous avons limité ce travail aux éditions publiées du vivant de Ronsard, et à celles qui sont dues à ses exécuteurs testamentaires. Les éditions postérieures à 1609 ne sont donc pas mentionnées; toutefois, nous avons cru bon de citer les Recueils Satyriques du XVIIᵉ siècle.

ou littéraires, dont nous n'avons pas cru devoir grossir notre Notice. C'est ainsi, par exemple, que l'on y cherchera ce qui concerne *Janot Parisien* et les *Dithyrambes*.

III. — GLOSSAIRE. Il contient les notes biographiques, historiques, mythologiques ou linguistiques, nécessitées par les difficultés de la langue ou l'obscurité des allusions.

Enfin, nous avons tenu compte des *errata* indiqués à la dernière page de l'édition originale. Le plus souvent, nous avons adopté la ponctuation actuelle, pour faciliter l'intelligence du texte.

FERNAND FLEURET ET LOUIS PERCEAU.

Liuret de folaſtries,

A Ianot Pariſien.

Plus, quelques Epigrames grecs:
& des Dithyrambes chan-
tes au Bouc de E. Iodëlle.
Poëte Tragiq.

Nam caſtum eſſe decet pium poëtam
Ipſum, verſiculos nihil neceſſe eſt.

Catul.

Auec Priuilege.

A P A R I S.
Chez la veufue Maurice de la porte.
1 5 5 3.

A JANOT PARISIEN

A qui donnai je ces sornettes (¹)
Et ces mignardes chansonnettes ?
A toy, mon Janot, car tousjours
Tu as faict cas de mes amours,
Et as estimé quelque chose
Les vers raillars que je compose ;
Aussi je n'ay point de mignon,
Ny de plus aymé compagnon
Que toy, mon petit œil, que j'ayme
Autant ou plus que mon cœur mesme,
Attendu que tu m'aymes mieux
Ny que ton cœur, ny que tes yeux.
Pour ce, mon Janot, je te livre
Ce qui est de gay dans ce livre, (²)
Ce qui est de mignardelet
Dedans ce livre nouvelet.

Livre que les sœurs Thespiennes,
Dessus les rives Pympléennes,
Ravi, me firent concevoir,
Quand, jeune garson, j'allay voir
Le brisement de leur cadance
Et Apollon le guidedance.
Pren-le donc, Janot, tel qu'il est ;
Il me plaira beaucoup, s'il plaist

A ta Muse Grequelatine,
Compagne de la Rodatine, (³)
Et soys fauteur de son renom,
De nostre amour, et de mon nom,
Afin que toy, moy, et mon livre,
Plus d'un siecle puissions revivre

PREMIERE FOLASTRIE

Une jeune pucelette,
Pucelette grasselette,
Qu'éperdument j'ayme mieux
Que mon cœur ny que mes yeux,
A la moytié de ma vie
Eperdument asservie
De son grasset enbonpoint ;
Mais faché je ne suis point
D'estre serf pour l'amour d'elle,
Pour l'enbonpoint de la belle,
Qu'éperdument j'ayme mieux
Que mon cœur, ny que mes yeux.

Las ! une autre pucelette,
Pucelette maigrelette,
Qu'éperdument j'ayme mieux
Que mon cœur, ny que mes yeux,
Eperdument a ravye
L'autre moytié de ma vie
De son maigret enbonpoint ;
Mais faché je ne suis point
D'estre serf pour l'amour d'elle,
Pour la maigreur de la belle,
Qu'éperdument j'ayme mieux
Que mon cœur, ny que mes yeux.

Autant me plaist la grassette
Comme me plaist la maigrette, (¹)
Et l'une, à son tour, autant
Que l'autre me rend content.

Je puisse mourir, grassette,
Je puisse mourir, maigrette,
Si je ne vous ayme mieux,
Toutes deux, que mes deux yeux,
Ny qu'une jeune pucelle
N'ayme un nyc de Tourterelle,
Ou son petit chien Mignon,
Du Passereau compagnon, (²)
Qui ores l'un, en grondant,
Ou en tirant, ou mordant,
La vasquine de la belle,
Et or l'autre, de son aile,
Voletant dedans son sein,
Ou pepiant sur sa main,
Luy font mille singeries,
Mille douces facheries,
L'un derrier', l'autre davant,
Lors que panchée en avant
D'estomac, et de visage,
Diligente son ouvrage
Pour aller se reposer,
Et pour aller arroser
(Soubz la brunette vesprée,
Au plus segret d'une prée)
Quelque beau bouton rosin,
Pres d'un ruisselet voisin,
Que, songneuse, elle baignote

D'une ondelette mignote,
Pour en faire un chapelet
A son beau chef crespelet.

    Et si je mentz, grasselette,
Et si je mentz, maigrelette,
Si je mentz, Amour archer
Dans mon cœur puisse cacher
Ses fleches d'or barbelées,
Et dans vous les plombelées,
Si je ne vous ayme mieux,
Toutes deux, que mes deux yeux.

    Bien est il vray, grasselette,
Bien est il vray, maigrelette,
Que l'apast trop doucereux
De l'ameçon amoureux
Dont vous me sçavez atraire,
Est l'une à l'autre contraire.
L'une, d'un sein grasselet
Et d'un bel œil brunelet,
Dans ses beautez tient ma vie
Eperdument asservie ;
Or luy tatonnant le flanc,
Or le bel yvoire blanc
De sa cuisse rondelette,
Or sa grosse motelette,
Où les doux troupeaux ailez
Des freres enquarquelez
Dix mille fleches decochent
Aux muguets qui s'en aprochent. (³)
Mais par dessus tout m'epoint

Un grasselet enbonpoint,
Une fesse rebondie,
Une poitrine arondie
En deux monteletz bossus
Où l'on dormiroit dessus,
Comme entre cent fleurs décloses,
Ou dessus un lit de roses.
Puis, avecque tout cela,
Encor d'avantage elle a
Je ne sçay quelle faintise,
Ne sçay quelle mignotise,
Qui fait que je l'ayme mieux
Que mon cœur ny que mes yeux.
L'autre maigre pucelette,
A veoir n'est pas si bellette ;
Elle a les yeux verdeletz
Et les tetins maigrelets ;
Son flanc, sa cuisse, sa hanche,
N'ont pas la nege si blanche
Comme à l'autre, et si ondez
Ne sont ses cheveux blondez ;
Le rempart de sa focette
N'a l'enflure si grossette,
Ny son ventrelet n'est pas
Si rebondi ne si gras,
Si bien que quand je la perse,
Je sens les dentz d'une herse
(J'enten mill' ossetz cornus)
Qui me blessent les flancs nus.

Mais en lieu de beautez telles,
Elle en ha bien de plus belles :

Un chant qui ravit mon cœur,
Et qui, dedans moy, vainqueur,
Toutes mes veines attise ;
Une douce mignardise, (⁴)
Un doux languir de ses yeux,
Un doux souspir gratieux,
Quand sa douce main manie
La douceur d'une armonie.

Nule mieux qu'elle, au dancer,
Ne sçait ses pas devancer
Ou retarder par mesure ;
Nule mieulx ne me conjure,
Par les traiz de Cupidon,
Par son arc, par son brandon,
Si j'en ayme une autre qu'elle ;
Nule mieux ne m'emmielle
La bouche, quand son baiser
Vient mes levres aroser,
Bégayant d'un doux langage.
Que dirai je davantage ?
D'un si gaillard maniment
Soulage nostre uniment,
Lors que toute elle tremousse,
Qu'une inconstance si douce (⁵)
A fait que je l'ayme mieux
Que mon cœur, ny que mes yeux.

Jamais, las ! je ne m'en fache (⁶)
Pour ne les servir à tache,
Car, quand je suis milassé
Du premier plaisir passé,

Des le jour je laisse celle
Qui m'a faché dessus elle,
Et m'en voys prendre un petit
Desus l'autre d'appetit,
Afin qu'apres la derniere
Je retourne à la premiere,
Pour n'estre recreu d'Amours.
Aussi n'est il bon tousjours ([7])
De gouter d'une viande,
Car tant soit elle friande,
Sans quelquefois l'éschanger,
On se fache d'en manger.

Mais d'où vient cela, grassette,
Mais d'où vient cela, maigrette,
Que, depuis deux ou trois mois,
Je n'ambrassay qu'une fois
(Encor' ce fut à l'emblée,
Et d'une joye troublée)
Vostre estomac grasselet
Et vostre sein maigrelet ?

Avoûs peur d'estre nommées
Pucelles mal renommées ?
Avoûs peur qu'un blasonneur
Caquette de vostre honneur,
Et qu'il die : " Ces deux belles,
" Qui font le jour les rebelles ([8]),
" Toute nuit, d'un bras mignon,
" Echaufent un compaignon
" Qui les paye en Chansonnettes,
" En rymes, et en sornettes ? "

Las ! mignardes, je sçay bien
Qui vous empeche, et combien
Le Tyran de ce vilage (⁹)
Vous souille de son langage,
Mesdisant de vostre nom
Qui plus que le sien est bon.

Ah ! à grand tort, grasselette,
Ah ! à grand tort, maigrelette,
Ah ! à grand tort cet ennuy
Nous procede de celuy
Qui me deust servir de pere,
De Sœur, de Frere, et de Mere.

Mais luy, voyant que je suis
Vostre cœur, et que je puis
Davantage entre les dames,
Il farcist vos noms de blasmes, (¹⁰)
D'un mesdire trop amer,
Pour vous engarder d'aymer (¹¹)
Celuy qui vous ayme mieux
Que son cœur, ny que ses yeux.

Bien, bien, laissez le mesdire :
Deust il tout vif crever d'ire,
Et, forcené, se manger ;
Il ne sçauroit estranger
L'amitié que je vous porte,
Tant elle est constante et forte.

Ny le temps, ny son effort,
Ny violence de mort,

Ny les mutines injures,
Ny les mesdisans parjures,
Ny les trop sales broquards (¹²)
De vos voisins babillars,
Ny la trop songneuse garde
D'une cousine bavarde,
Ny le soupson des passans,
Ny les maris menaçans,
Ny les audaces des freres,
Ny les préchemens des meres,
Ny les oncles sourcilleux,
Ny les dangers perilleux
Qui. l'amour peuvent defaire,
N'auront puissance de faire
Que tousjours je n'ayme mieux
Que mon cœur, ny que mes yeux,
L'une et l'autre pucelette,
Grasselette et maigrelette.

FOLASTRIE II

———

J'ay vescu deux mois ou trois
Mieux fortuné que les Roys (¹)
De la plus fertile Asie,
Quand ma main tenoit saisie
Celle qui tient dans ses yeux
Je ne sçay quoy, qui vaut mieux
Que les perles Indiennes
Ou les Masses Midiennes. (²)

Mais, depuis que deux Guerriers,
Deux Soldars aventuriers,
Par une treve mauvaise,
Sont venus corrompre l'aise (³)
De mon plaisir amoureux,
J'ay vescu plus malheureux
Qu'un Empereur de l'Asie
De qui la terre est saisie,
Fait esclave sous les mains (⁴)
Des plus belliqueurs Rommains.

Las ! si quelque hardiesse
Enflamme vostre jeunesse ;
Si l'amour de vostre Mars
Tient vos cœurs, allez, Soldars,
Allez, bienheureux gendarmes,

Allez, et vestez les armes,
Secourez la fleur de lis ;
Ainsi le vineux Denys,
Le bon Bacchus portelance,
Soit tousjours vostre defence.

Et quoy ? ne vaut il pas mieux,
Braves Soldars furieux, (⁵)
De coups éclairssir les foules,
Qu'ainsin éfroyer les poules
De vos sayons bigarrez ?
Allez, et vous reparez
De vos belles cottes d'armes ;
Allez, bienheureux gendarmes,
Secourez la fleur de lis ;
Ainsi le vineux Denys,
Le bon Bacchus portelance,
Soit tousjours vostre defence.

Il ne faut pas que l'hyver
Vous engarde d'arriver
Où la bataille se donne,
Où le Roy mesme, en personne,
Plein d'Audace, et de terreur,
Epovante l'Empereur,
Tout blanc de crainte poureuse,
Desus les bors de la Meuse.

A ce bel œuvre, guerriers,
Ne serez vous des premiers ? (⁶)
Ah ! que vous aurez de honte
Si un autre vous raconte

Combien le Roy print de fors,
Combien de gens seront mors
A telle ou telle entreprise,
Et quelle vile fut prise
Par eschelle ou par assaut ;
Combien le pillage vaut,
En quel lieu l'infanterie,
En quel la gendarmerie,
Heureusement firent voir (7)
Les exploitz de leur devoir,
Nobles de mille conquestes !
Lors, vous besserez les testes,
Et de honte aurez le tainct
Tout vergongneusement teint.

  Las ! fraudez de telle gloire, (8)
N'oserez manger, ny boire,
A l'écot des Taverniers,
Ny jurer comme Sauniers
Entre les gens du village :
Mais, portant bas le visage
Et mal assurez du cœur, (9)
Tousjours vous mourrez de peur
Qu'un bon guerrier ne brocarde
Vostre lacheté couarde.

  Donc, si quelque honneur vous point,
Soldars, ne cagnardez point :
Suivez le train de vos Peres,
Et raportez à vos Meres
Double honneur et double bien ; (10)
Sans vous je garderay bien (11)

Vos Sœurs ; allez donc, gendarmes,
Allez, et vestez les armes,
Secourez la fleur de lis ;
Ainsi le vineux Denys,
Le bon Bacchus portelance,
Soit tousjours votre defence.

FOLASTRIE III

En cependant que la jeunesse,
D'une tremoussante souplesse
Et de manimens fretillars,
Agitoit les rougnons paillars (¹)
De Catin, à gauche et à destre,
Jamais, ny à Clerc, ny à Prestre,
Moine, Chanoine, ou Cordelier,
N'a refusé son hatelier.

 Car le mestier de l'un sus l'autre,
Où l'un dessus l'autre se veautre,
Luy plaisoit tant, qu'en remuant,
En haletant, et en suant,
Tel bouc sortoit de ses esselles,
Et tel parfum de ses mammelles,
Qu'un mont Liban ensafrané
En eust esté bien embrené.

Ceste Catin, en sa jeunesse,
Fut si nayve de simplesse
Qu'autant le pauvre luy plaisoit
Comme le riche, et ne faisoit
Le soubresaut pour l'avarice,
Mais ell' disoit que c'estoit vice
De prendre cheine ou diamant

De pauvre ny de riche amant ;
Pourveu qu'il servist bien en chambre
Et qu'il eust plus d'un pié de membre,
Autant le beau, comme le laid,
Et le maistre que le valet,
Estoient receus de la doucette
A la luitte de la fossette,
Et si bien les ressecouoit,
Les repoussoit, et remouvoit,
De meinte paillarde venue,
Qu'apres, la fievre continue
Ne failloit point de les saisir,
Pour payment d'avoir fait plaisir
A Catin, non jamais soulée
De tuer, pour estre foulée,
Et qui de tourdions a mis
Au tombeau ses plus grans amis.

Mais quoy ! il n'est rien que l'année
Ne change en une matinée ;
Catin, qui le berlam tenoit
Au premier joueur qui venoit,
Or' se voyant décolorée
Comme une image dédorée,
Se voyant dehors et dedans
Chancreuses et noires les dens,
Se voyant rider la mammelle
Comme un Escouillé de Cybele,
Se voyant grisons les cheveux,
L'œil chassieux, le nez morveux,
Et, par ses deux conduis, souflante
A bas une haleine puante :

Elle changea de voulonté,
Et son premier train effronté,
Par ne sçay quelle frenaisie,
A couvert d'une Hyprocrisie.

Maintenant, des le plus matin,
Le Secretain ouvre à Catin
Le petit guichet de l'église,
Et, pour mieux voiler sa feintise,
Dedans un coin va marmotant,
Rebarbotant, rebigotant,
Jusqu'au soir que le curé sonne
Le couvrefeu ; puis, ceste bonne,
Bonne putain, va, pas à pas,
Piteusement, le nez tout bas,
Triste, pensive, et solitaire,
Entre les croix du Cimetiere.

Et là, se veautrant sus les corps,
Appelle les ombres des mors,
Ores s'élevant toute droite,
Ores, sus une fosse estroitte
Se tapissant comme un fouyn,
Contrefait quelque Mitouin,
D'un drap mortuere voilée,
Tant qu'elle, et la nuit étoilée,
Ayent fait peur au plus hardi
Qui, passant là le mécredi,
Vient de la Chartre, ou de la foire
De l'Avardin, ou de Montoire.

Catin a mille inventions
De mille bigotations ;

Quand la terre est la plus esprise
De froidure, elle, en sa chemise,
Masquant son nez de toile blanche,
D'un gros cailloux se bat la hanche,
L'estomac, les yeux, et le front,
Ainsi comme l'on dit que font
Ceux qui sont maris de leurs meres,
Ou ceux qui meurdrissent leurs peres,
Expiant l'horrible forfait
Qu'innocemment ils avoyent fait.

Et toutesfois ceste insensée,
Ayant bany de sa pensée
Le souvenir d'avoir esté
L'exemple de mechanceté,
Ose bien prescher ma pucelle,
Pour la convertir, ainsi qu'elle,
A mille bigotations
Dont elle a mille inventions.

« Et quoy (dit elle), ma mignonne,
Ce n'est pas une chose bonne
D'aymer ainsi les jouvenceaux ;
Amour est un goufre de maux,
Amour affolle le plus sage,
Amour n'est sinon qu'une rage,
Amour aveugle les raisons,
Amour renverse les maisons,
Amour honnist la renommée,
Amour n'est rien qu'une fumée
Qui par l'air en vent se répent :
Tousjours d'aymer on se repent.

” Fuyez les banquetz et les dances,
Les cheines d’or, les grands bombances,
Les bagues, et les grands atours :
Pour avoir suyvi les amours
Les saintz n’ont pas sauvé leur ame. ”
Ainsi Catin, la bonne dame,
(Maintenant miroer de tout bien)
Prescha dernierement si bien
La jeune raison de m’amie,
Qu’en bigote l’a convertie !
Si qu’or’, quand baiser je la veux
Elle me tire les cheveux ;
Si je veux tater sa cuissette,
Ou fesser sa fesse grossette,
Ou si je mez la main dedans
Ses tetins, elle, à coups de dens,
Me dechire tout le visage,
Comme un singe émeu contre un page.

Puis elle me dit, en courroux :
“ Si autrefois, aveques vous
M’abandonnant, j’ay fait la folle,
Je ne veux plus que l’on m’acolle ;
Pource, ostez vostre main d’abas !
Catin m’a dit qu’il ne faut pas
Que charnelement on me touche.
Hala ! ma Cousine, il me couche !
Ha ha ! lessez, lessez, lessez !
Bran ! pour neant vous me pressez !
Bran ! j’aymeroy mieux estre morte
Que vous m’eussiez de telle sorte !
Ostez vous donques, aussi bien,
Mercydieu, vous ne gaignez rien !

Ma cuisse, en biez accoustrée,
Vous defendra tousjours l'entrée, (²)
Et plus les bras vous m'entorsez,
Et plus en vain vous efforcez ! "

 Ainsi, depuis une semeine,
La longue roydeur de ma veine,
Pour neant rouge et bien en point,
Bat ma chemise et mon pourpoint.
Qu'à cent diables soit la prestresse
Qui a bigotté ma maistresse !

 Sus donq ! pour venger mon esmoy,
Sus ! Iämbes, secourez moy !
Venez, Iämbes, sur la teste
De ce luitton, de ceste beste,
Qui, ores femme n'estant plus,
Mais ombre d'un tumbeau reclus,
Miserablement porte envie
Aux doux passetems de ma vie
Qui Dieu me faisoient devenir !

 Et si ne veut se souvenir
Qu'encependant que la jeunesse,
D'une tremoussante souplesse
Et de manimens fretillars,
Agitoit ses rougnons paillars,
Ores à gauche, ores à dextre,
Jamais, ny à clerc, ny à prestre,
Moine, Chanoine, ou Cordelier,
N'a refusé son hatelier.

FOLASTRIE IIII

———

Jaquet ayme autant sa Robine (¹)
Qu'une pucelle sa poupine ;
Robine ayme autant son Jaquet
Qu'un amoureux fait son bouquet.
O amourettes doucelettes !
O doucelettes amourettes !
O couple d'amis bien heureux,
Ensemble aymez et amoureux !
O Robine bien fortunée
De s'estre au bon Jaquet donnée !
O bon Jaquet bien fortuné
De s'estre à Robine donné !
Que ny les cottes violettes, (²)
Les Ribans, ny les ceinturettes,
Les brasseletz, les chaperons,
Les devanteaux, les mancherons,
N'ont eu la puissance d'epoindre
Pour, macreaux, ensemble les joindre.

Mais les rivages babillars,
L'oisiveté des prez mignars,
Les fonteines argentelettes,
Qui attrainent leurs ondelettes
Par un petit trac mousselet
Du creux d'un antre verdelet,

Les grans forestz renouvelées,
Le solitaire des valées
Closes d'éfroy tout alentour,
Furent cause de telle amour.

En la saison que l'hyver dure,
Tous deux, pour tromper la froidure,
Au pié d'un chene mimangé,
De main tramblante ont arrangé
Des chenevotes, des fougeres,
Des fueilles de Tramble legeres, [3]
Des buchettes, et des brochars,
Et, soufflant le feu des deux pars,
Chaufoient, à fesses acropies,
Le cler degout de leurs roupies.

Apres qu'ilz furent un petit
Desangourdis, un apetit
Se vint ruer dans la poitrine [4]
Et de Jaquet et de Robine.

Robine tira de son sein
Un gros quignon buret de pain,
Qu'elle avoit fait de pure aveine,
Pour tout le long de la sepmaine,
Et, le trempant au pis des aux [5]
Et dans le brouet des poureaux,
De l'autre costé reculée
Mangeoit à part son éculée.

D'autre costé, Jaquet, espris
D'un faim merveilleuse, a pris [6]

Du ventre de sa panetiere
Une galette tout entiere,
Cuitte sur les charbons du four
Et blanche du sel tout autour,
Que Guillemine, sa marraine,
Luy avoit donné pour estraine.
Comme il repaissoit, il a veu,
Guignant par le travers du feu,
De sa Robine recourssée
La grosse motte retroussée,
Et son petit cas barbelu,
D'un or jaunement crespelu,
Dont le fond sembloit une rose
Non encor' à demy déclose.

Robine aussi, d'une autre part,
De Jaquet guignoit le Tribart (⁷)
Qui luy pendoit entre les jambes,
Plus rouge que les rouges flambes
Qu'elle attisoit songneusement.
Apres avoir veu longuement
Ce membre gros et renfrongné,
Robine ne l'a dedaigné,
Mais, en levant un peu la teste,
A Jaquet fist ceste requeste :

" Jaquet (dit el'), que j'ayme mieux
Ny que mon cœur, ny que mes yeux,
Si tu n'aymes mieux ta galette
Que ta mignarde Robinette,
Je te pry, Jaquet, jauche moy, (⁸)
Et metz le grand pau que je voy
Dedans le rond de ma fossette. "

" Helas ! (dit Jaquet) ma doucette,
Si plus cher ne t'est ton grignon
Que moy, Jaquinot, ton mignon,
Aproche toy, mignardelette,
Doucellette, paillardelette,
Mon pain, ma faim, mon apetit,
Pour mieux te chouser un petit. " [9]

A peine eut dit qu'elle s'aproche,
Et le bon Jaquet, qui l'embroche,
Fist trepigner tous les Sylvains
Du dru maniment de ses reins.
Les boucs barbus, qui l'agueterent,
Paillars, sur les chevres monterent,
Et ce Jaquet contr' aguignant [10]
Alloient à l'envy trepignant.

O bien heureuses amourettes !
O amourettes doucelettes !
O couple d'amans bien heureux,
Ensemble aymez et amoureux !
O Robine bien fortunée
De s'estre au bon Jaquet donnée !
O bon Jaquet bien fortuné
De s'estre à Robine donné !
O doucelettes amourettes !
O amourettes doucelettes !

FOLASTRIE V

Au vieil temps que l'enfant de Rhée
N'avoit la terre dedorée
Les Heroes ne dedaignoient (¹) ·
Les chiens qui les accompagnoient,
Fidelles gardes de leur trace ;
Mais toy, chien de mechante race,
En lieu d'estre bon gardien
Du trac de m'amie et du mien,
Tu as comblé moy et m'amie
De deshonneur et d'infamie ;
Car toy, par ne sçay quel destin,
Desloyal et traistre mastin,
Japant à la porte fermée
De la chambre, où ma mieux aymée
Me dorlotoyt entre ses bras, (²)
Counillant de jour dans les dras,
Tu donnas soupçon aux voisines,
Aux sœurs, aux freres, aux cousines,
T'oyans plaindre à l'huys lentement,
Sans entrer, que segretement,
Tout seul, je faisoy la chosette
Avecque elle, dans sa couchette.

Et si bien le bruict de cela
Courut par le bourg ça et là,

Qu'au raport de telle nouvelle
Sa vieille mere, plus cruelle (³)
Qu'une louve ardant' de courroux,
Sa fille diffama de coups,
Luy escrivant de vergelettes
L'yvoire de ses cotelettes.

Ainsi, traistre, ton aboyer,
Traistre, m'a rendu le loyer
De t'aymer plus cher qu'une mere
N'aime sa fille la plus chere !

Si tu ne m'eusses esté tel,
Je t'eusse fait chien immortel,
Et t'eusse mis parmy les signes,
Entre les astres plus insignes,
Compagnon du chien d'Orion,
Ou de celuy qui le lion
Aboye, quand la vierge Astrée
Se voit du soleil rencontrée.

Car, certes, ton corps n'est pas laid,
Et ta peau, plus blanche que lait,
De mille frisons houpelue,
Et ta basse oreille velue,
Ton nez camard, et tes gros yeux,
Meritoient bien de luire aux cieux ;
Mais en lieu d'une gloire telle,
Une demangeante gratelle,
Une fourmilliere de poux,
Un camp de puces et de loups,
La rage, le farcin, la taigne,

Un dogue afamé de Bretaigne,
Jusque aux oz te puissent manger,
Sur quelque fumier estranger,
Mechant mastin, pour loyer d'estre
Si traistre à ton fidelle maistre !

FOLASTRIE VI

Enfant quartannier, combien (¹)
Ta petitesse a de bien !
Combien en a ton enfance,
Si elle avoit cognoissance
De l'heur que je dois avoir,
Et qu'elle a sans le sçavoir !

Mais quand la begue blandice (²)
De ta raillarde nourrice,
Des le point du jour te dit :
" Mignon, vous couchez au lit, (³)
Voire es bras de la pucelle
Qui de ses beautez excelle
La rose, et, de ses beaux yeux,
Cela qui treluit aux cieux. "
A l'heure, de honte, à l'heure,
Mignon, ton petit œil pleure,
Et, te cachant dans les dras
Ou petillant de tes bras, (⁴)
Depit, tu gimbes contre elle,
Et luy dis : " Meman, ma belle, (⁵)
Mon gateau, mon sucre doux,
Et pourquoy me dictes vous
Que je couche avecq Janette ? "

Puis el' te baille sa tette,
Et, t'apaisant d'un joüet,
D'une clef, ou d'un roüet,
De poix, ou de piroüettes,
Essuye tes larmelettes.
Ha ! pauvret, tu ne sçays pas :
Celle qui, dedans ses bras,
Toute nuict te poupeline,
C'est, mignon, ceste maline,
Las ! mignon, c'est ceste là
Qui de ses yeux me brula.

Que pleust à dieu que je peusse,
Pour un soir, devenir puce,
Ou que les ars Medeans
Eussent rajeuni mes ans,
Ou converty ma jeunesse
En ta peu caute simplesse,
Me faisant semblable à toy :
Sans soupson, je coucheroy
Entre tes bras, ma cruelle,
Entre tes bras, ma rebelle,
Ore te baisant les yeux, ( )
Ore le sein pretieux,
D'où les amours qui m'aguetent
Mille fleches me sagetent !

Lors, certes, je me voudroy
Estre fait un nouveau roy,
Pour ainsi laisser m'amie
Toute seulette endormie ; (⁷)
Et peut estre qu'au reveil,

Ou quand plus le doux sommeil
Luy enfleroit la mammelle,
Qu'en glissant plat dessus elle
Je luy feroy si grand bien,
Qu'elle, apres, quitteroit bien
Toy, ses freres, et son pere,
Qui plus est, sa douce mere,
Pour me suivre à l'abandon,
Comme Venus son Adon
Suivoit, par toute contrée,
Fust que la nuit, acoustrée
D'astres, tumbast dans les eaux,
Fust que les flammeux naseaux
Souflassent, d'une alenée,
Hors des eaux la matinée.

FOLASTRIE VII

Assez, vrayment, on ne reverre
Les divines bourdes d'Homere,
Qui dit que l'on ne peut avoir (¹)
Si grand plaisir que de se voir
Entre ses amis, à sa table,
Quand un menestrier delectable
Paist l'oreille d'une chanson,
Et quand l'outesoif echanson
Fait aller en rond, par la troupe,
De main en main la pleine coupe.

Je te salue, heureux boyveur,
Des meilleurs le meilleur reveur ;
Je te salue, ombre d'Homere : (²)
Tes vers cachent quelque mystere ;
Il me plaist de voir si ce vin
M'ouvrira leur segret divin !

Io ! je l'entens, chere troupe,
La seule odeur de ceste coupe
M'a fait un Rhapsode gaillard
Pour bien juger de ce vieillard ! (³)

Tu voulois dire, bon Homere,
Que l'on doit faire bonne chere
Tandis que l'age et la saison,

Et la peu maistresse raison,
Permetent à nostre jeunesse
Les libertez de la liesse,
Sans avoir soin du lendemain ;
Mais, d'un hanap de main en main,
D'une trepignante cadance,
D'un roüer autour de la dance,
De meutes de chiens par les boys,
De lutz mariez à la vois,
D'un flus, d'un dé, d'une premiere,
D'une belle fleur printaniere,
D'une pucelle de quinze ans, (⁴)
Et mille autres jeux plaisans,
Exercez la douce pratique (⁵)
De la vertu Sybaritique !

Moy donques, oysif, maintenant
Que la froidure est detenant,
D'une clere bride glacée,
L'humeur des fleuves amassée,
Ore que les ventz indontez (⁶)
Tonnent par l'air de tous costez ;
Ores que les douces gorgettes
Des Dauliennes sont muettes ;
Ore qu'au soir on ne voit plus
Dancer, par les antres reclus,
Les Pans avecques les Dryades,
Ny sur les rives les Naiades :

Que feroi je en telle saison,
Sinon, oyseux à la maison,
Ensuivant l'oracle d'Homere,

Pres du feu faire bonne chere,
Et souvent baigner mon cerveau
Dans la liqueur d'un vin nouveau,
Qui toujours traine pour compaigne
Ou la routie ou la chastaigne ?
En ceste grande coupe d'or,
Verse, page, et reverse encor !
Il me plaist de noyer ma peine
Au fond de ceste tasse pleine,
Et d'étrangler, avec le vin,
Mon soucy qui n'a point de fin,
Non plus que l'antraille immortelle
Que l'aigle horriblement bourrelle, [7]
Tant les attraiz d'un œil vainqueur
Le font renaistre dans mon cœur.

Ça, page, donne ce Catulle,
Donne ce Tibulle, et Marulle, [8]
Donne ma lyre, et mon archet,
Depen-la tost de ce crochet ;
Viste doncq, afin que je chante,
Et que je charme, et que j'enchante [9]
Ce soing, que l'amour trop cruel
Fait mon hoste perpetuel !

O pere, ô Bacchus, je te prie,
Que ta sainte fureur me lie
Dessoubz ton Thyrse, à celle fin,
O pere, que j'erre sans fin
Par tes montaignes reculées,
Et par l'horreur de tes vallées !

Ce n'est pas moy, las ! ce n'est pas,
Qui dedaigne suivre tes pas,
Et, couvert de lierre, brère
Par la Thrace, Evan, pourveu, pere,
Las ! pourveu, pere, las ! pourveu
Que ta flamme esteigne le feu
Qu'amour, de ses rouges tenailles,
Me tournasse par les antrailles !

FOLASTRIE VIII

Le Nuage ou l'yvrongne.

Un soir, le jour de sainct Martin,
Thenot, au milieu du festin,
Ayant dejà mille verrées
D'un gozier large devorées,
Ayant gloutement avalé,
Sans macher, maint jambon salé,
Ayant rongé mille saucisses,
Mille pastez tous pleins d'espices,
Ayant meint flacon rehumé,
Et mengé meint brezil fumé :
Hors des mains luy coula sa coupe,
Puis, begayant devers la troupe,
Et, d'un geste tout furieux,
Tournant la prunelle des yeux,
Pour mieux digerer son vinage
Sur le banc pancha son visage.

Ja ja, commençoit à ronfler,
A nariner, à renifler,
Quand deux flacons cheuz contre terre,
Peslemesle aveques un verre,
Vindrent reveiller à demy
Thenot, sur le Banc endormy.

Thenot donc, qui demy s'eveille,
Frottant son front, et son oreille,
Et, s'alongeant deux ou trois fois,
En sursault getta ceste voix :
" Il est jour dit l'Alouëtte ;
Non est, non, dit là fillette ; (¹)
Ha, là là là là là là là !
Je voy deçà, je voy delà :
Je voy mille bestes cornues,
Mille marmotz dedans les nues ;
De l'une sort un grand Toreau,
Sur l'autre sautelle un chevreau,
L'une a les cornes d'un Satyre,
Et du ventre de l'autre, tire
Un Cocodrile mille tours.

" Je voy des villes et des Tours,
J'en-voy de rouges et de vertes,
Voy-les-là ! je les voy couvertes
De sucres et de poix confis.
J'en-voy de mors, j'en voy de vifz,
J'en-voy, voyez-les donq ! qui semblent
Aux blez qui soubz la Bize tremblent.

" J'avise un camp de Nains armez,
J'en-voy qui ne sont point formez,
Tronçez de cuisses, et de jambes,
Et si ont les yeux comme flambes
Au creux de l'estomaq assis ;
J'en-voy cinquante, j'en-voy six,
Qui sont sans ventre, et si ont teste
Efroyable d'une grand'creste.

« Voicy deux nuages tout plains
De Mores, qui n’ont point de mains,
Ny de corps, et ont les visages
Semblables à des chatz sauvages ;
Les uns portent des piedz de chevre,
Et les autres n’ont qu’une levre,
Qui seule barbotte, et dedans
Ilz n’ont ny machoires, ny dens.

« J’en voy de barbus comme hermites ;
Je voy les combas des Lapithes ;
J’en voy tous herissez de peau ;
J’entr’avise mille troupeaux
De Singes, qui, d’un tour de jouë,
D’en hault aux hommes font la moüe ;
Je voy, je voy, parmi les flos,
D’une Baleine le grand dos,
Et ses espines, qui paroissent
Comme en l’eau deux roches qui croissent ;
Un y gallope un grand destrier,
Sans bride, selle, ny estrier ;
L’un talonne à peine une vache ;
L’autre, dessus un asne, tache
De vouloir jallir, d’un plain sault,
Sus un qui manie un crapault ;
L’un va tardif, l’autre galope ;
L’un s’elance dessus la crope
D’un Centaure tout debridé,
Et l’autre, d’un Geant guidé,
Portant au front une sonnette,
Par l’air chevauche à la genette ;
L’un sur le dos se charge un veau,

L'autre en sa main tient un marteau ;
L'un, d'une mine renfrongnée,
Arme son poin d'une cougnée ;
L'un porte un dart, l'autre un trident,
Et l'autre, un tison tout ardent.

" Les uns sont montez sur des grues,
Et les autres, sus des tortues,
Vont à la chasse avecq' les Dieux ;
Je voy le bon Pere, joyeux,
Qui se transforme en cent nouvelles ;
J'en voy qui n'ont point de cervelles,
Et font un amas nompareil
Pour vouloir battre le soleil,
Et pour l'enclorre en la caverne
Où de saint Patrice, ou d'Averne ;
Je voy sa Sœur qui le défend ;
Je voy tout le ciel qui se fend,
Et la terre qui se crevace,
Et le chaös qui les menace.

" Je voy cent mille Satyreaux,
Ayans les ergotz de Chevreaux,
Faire peur à mille Naiades ;
Je voy la dance des Dryades
Parmy les foretz trepigner,
Et maintenant se repeigner
Au fond des plus tiedes valées,
Ores à tresses avalées,
Ores gentement, en un rond,
Ores à flocons sur le front,
Puis se baigner dans les fonteines.

" Las ! ces nuës, de grélle pleines,
Me predisent que Jupiter
Se veut contre moy depiter !
Bré, bré, bré, bré ! voicy le foudre !
Craq, craq, craq ! n'oyez-vous decoudre
Le ventre d'un nuau ? J'ai veu,
J'ai veu, craq, craq ! j'ai veu le feu,
J'ai veu l'orage, et le Tonnerre,
Tout mort, me brise contre terre ! "

A tant, cet yvrongne Thenot,
De peur qu'il eut ne dit plus mot,
Pensant vrayment que la tempeste
Lui avoit foudroyé la teste.

DITHYRAMBES A LA POMPE
DU BOUC DE E. JODELLE

POËTE TRAGIQ.

———

Tout ravy d'esprit je forcene,
Une nouvelle fureur me mene,
D'un saut de course dans les bois ;
Iach, ïach, j'oy la vois
Des plus vineuses Thyades,
Je voy les folles Menades
Dans les antres trepigner,
Et de serpens se peigner !
Iach, ïach, Evoé,
Evoé, ïach, ïach !

*
*   *

Je les oy,
Je les voy,
Comme au travers d'une nüe,
D'une cadance menüe,
Sans ordre, ny sans compas,
Lesser chanceler leurs pas.

*
*   *

Je voy les segrés mistiques

Des festes Trieteriques,
Et les Sylvans, tout autour,
De maint tour
Cotissans dessus la terre,
Tous herissez de lierre,
Badiner, et plaisanter,
Et en voix d'Asnes chanter :
Iach, ïach, Evoé,
Evoé, ïach, ïach !

* * *

Je voy, d'un œil assez trouble,
Une couple
De Satyres cornus, Chevrepiez, et mibestes,
Qui soutiennent, de leurs testes,
Les yvres costez de Sylene,
Tallonnant à toute peine
Son Asne musard, et le guide
D'une des mains, sans licol ne sans bride,
Et de l'autre à ses oreilles
Pend deux bouteilles,
Et puis il dit qu'on rie,
Et qu'on crie :
Iach, ïach, Evoé,
Evoé, ïach, ïach !

* * *

Hoh ! je me trouble sous sa chanson,
Une horrible frisson
Court par mes veines, quand j'oy brére

Ce vieil Pere,
Qui nourrit, apres que Semele
Sentit la flamme cruelle,
Le bon Bacchus Diphyen,
Devant l'autre Nyssien,
Du laict des Tigresses ;
Les Nymfes et les Déesses
Chantant' autour de son bers
Ces beaux vers :
Iach, ïach, Evoé,
Evoé, ïach, ïach !

* * *

Evoé ! Cryphien, je sens
M'embler l'esprit, et le sens,
Sous une verve qui m'afolle,
Qui me joint à la carolle
Des plus gaillardes
Bandes montagnardes,
Et à l'avertineuse trope
Des Mimalons, qui Rhodope
Foulent, d'un pié barbare,
Où la Thrace se separe
En deux,
Du flot glacé de Hebre le negeux.
Iach, ïach, Evoé,
Evoé, ïach, ïach !

* * *

Il me semble qu'une poussiere

Offusque du jour la lumiere,
S'élevante par les champs
Sous le pié des marchans.
Evoé ! Pere, Satyre,
Protogone, Evastire,
Doublecorne, Agnien,
Œiltoreau, Martial, Evien,
Portelierre, Omadien, Triete,
Ta fureur me gette
Hors de moy ;
Je te voy, je te voy,
Voi-te-cy,
Rompsoucy :
Mon cœur, bouillonnant d'une rage,
Envole vers toy mon courage ;
Je forcene, je demoniacle :
L'horrible vent de ton oracle
(J'entens l'esprit de ce bon vin nouveau),
Me tempeste le cerveau.
Iach, ïach, Evoé,
Evoé, ïach, ïach !

***

Une frayeur, par tout le corps
Me tient; mes genoux, peu fors,
A l'arriver de ce dieu, tremblotent,
Et mes parolles sanglotent
Je ne sçay quelz vers insensez.
Avancez, avancez, avancez
Ceste vendange nouvelle :
Voicy le filz de Semele !

Je le sen, dessus mon cœur
S'assoir, comme un Roy vainqueur ;
J'oy les clairons tintinans,
Et les Tabourains tonnans ;
J'oy, autour de luy, le Buys
Caqueter par cent pertuis,
Le Buis Phrygien, que l'Antourée,
D'une aleine mal mesurée,
Enfle autour de ses Chatrez ;
Je les voy, tous penetrez
D'une rage insensée,
Et tous, esperdus de pensée,
Chanter : ïach, Evoé,
Evoé, ïach, ïach !

*
* *

Evan, Pere, ou je me trompe,
Ou je voy la pompe
D'un bouc aux cornes dorées,
De lierre décorées,
Et qui, vrayment, a le teint
Teinct
De la couleur d'un Sylene,
Quand, tout rouge, il perd l'aleine,
D'avoir, d'un coup, evidé son flacon
Plein d'un vin Tholozan, ou bien d'un vin Gascon.
Iach, ïach, Evoé,
Evoé, ïach, ïach !

*
* *

Mais qui sont ces enthyrséz,
Herisséz

De cent fueilles de lierre,
Qui font rebondir la terre
De leurs piés, et de la teste
A ce Bouc font si grand feste ?
Chantant, tout autour de luy,
Ceste chanson bris'ennuy :
Iach, ïach, Evoé,
Evoé, ïach, ïach !

** **

Tout forcené, à leur bruit je fremy ;
J'entrevoy Bayf, et Remy,
Colet, Janvier, et Vergesse, et Le Conte,
Pascal, Muret, et Ronsard, qui monte
Dessus le bouc qui, de son gré,
Marche, affin d'estre sacré
Aux pieds immortels de Jödelle ;
Bouc, le seul prix de sa gloire eternelle,
Pour avoir, d'une voix hardie,
Renouvellé la Tragédie,
Et deterré son honneur le plus beau,
Qui vermoulu gisoit sous le tumbeau.
Iach, ïach, Evoé,
Evoé, ïach, ïach !

** **

Hoh ! hoh ! comme ceste Brigade
Me fait signe, d'une gambade,
De m'aller mettre sous ton joug,
Pour ayder à pousser le bouc !

** **

Mais, Pere, las ! pardonne moy, pardonne ;

Assez et trop m'esperonne
Ta fureur, sans cela ;
Assez, deça et dela,
Je suis tes pas à la trace,
Par les Indes et par la Thrace,
Ores, d'un Thyrse portelierre,
Faisant à tes Tygres la guerre,
Ores, aveques tes Evantes
Et tes menades bien boivantes,
Redoublant à pleine voix,
Par les bois :
Iach, ïach, Evoé,
Evoé, ïach, ïach !

*
* *

Maugré moy, Pere, ta fureur,
Plein d'horreur
M'y traine, et, ne voulant pas,
Maugré moy, je sens mes pas
Qui me derobent, mal sain,
Où Jödelle, de sa main,
Du bouc tenant la moustache,
Que poil à poil il arrache,
Et de l'autre, nonparesseuse,
Haut élevant une coupe vineuse,
Te chante, o Dieu Bacchique,
Cest hymne dithyrambique :
Iach, ïach, Evoé,
Evoé, ïach, ïach !

*
* *

Hay avant, Muses Thespiennes !
Hay avant, Nymphes Nyssiennes !

Rechantez-moy ce Pere Bromien,
Race flameuse du Saturnien
Qu'engendra la bonne Semele,
Enfant orné d'une perruque belle,
Et de gros yeux,
Plus clers que les astres des Cieux.
Iach, ïach, Evoé,
Evoé, ïach, ïach !

*
* *

Evoé ! mes entrailles sonnent
Sous ses fureurs qui m'epoinçonnent,
Et mon esprit, de ce dieu trop chargé,
Forcené, enragé.
Iach, ïach, Evoé,
Evoé, ïach, ïach !

*
* *

Que l'on me donne ces clochettes
Et jazardes sonnettes ;
Soit ma perruque decorée
D'une couronne couleurée :
Perruque lierreporte,
Que l'âme Thracienne emporte
Deça, dela, dessus mon col.
Iach, ïach, Evoé,
Evoé, ïach, ïach !

*
* *

Il me plaist ores d'estre fol,
Et qu'à mes flancs, les Edonides,
Par les montagnes les plus vuides,
D'un pié sacré tremblant,

Frapent la terre, et de hurlées
Efroyent toutes les valées ;
Le Tallonneur de l'asne tard,
Basard, Evan, redoublant d'autre part :
Iach, ïach, Evoé,
Evoé, ïach, ïach !

*
* *

Il me plaist, comme tout espris
De ta fureur, ce jour, gaigner le pris,
Et, haletant à grosse alaine,
Faire poudrer sous mes piés ceste pleine.

*
* *

Ça ! Ce Thyrse, et ceste Tiare,
C'est toy, Naxien, qui m'egare
Sur la cime de ce rocher ;
Il me plaist d'acrocher
Mes ongles contre son escorse,
Et, chevestré dessous ta douce force,
Aller devant ton Orgie inconnue,
La celebrant de voix aguë,
Orgie, de toy, Pere,
Le Mystere,
Qu'un panier enclôt saintement,
Et que nul, premierement,
En vain oseroit toucher, sans estre
Ton prestre,
Ayant neuf fois, devant ton Simulacre,
Enduré le sainct lavacre
De la fontaine verrée,
Aux Muses sacrée.

Iach, ïach, Evoé,
Evoé, ïach, ïach !

* *

O Pere, où me guides tu ?
Devant ta vertu,
Les bestes, toutes troublées,
Se baugent dans les valées,
Ny les oyseaux n'ont pouvoir de hacher,
Comme ils faisoyent, le vague, sans bruncher;
Incontinent qu'ilz te sentent,
Dessous leurs goufres s'absentent
De l'Ocean les troupes escaillées,
Horriblement emerveillées
De voir
La force de ton pouvoir.
Iach, ïach, Evoé,
Evoé, ïach, ïach !

* *

Par tout les Amours te suivent,
Et sans toy les Graces ne vivent,
La force, la Jeunesse,
La bonne Liesse
Te suit,
Le soucy te fuit,
Et la Viellesse chenue,
Plustost qu'une nue
Devant Aquilon
Au gozier felon.
Iach, ïach, Evoé,
Evoé, ïach, ïach !

* * *

Un chacun tu vas liant
Soubz ton Thyrse impatient ;
Alme Denys, tu es vrayment à craindre,
Qui peus contraindre tout, et nul te peut contraindre,
O Cuissené, Archete, Hymenien,
Basare, Roy, Rustique, Euboulien,
Nyctelien, Trigone, Solitere,
Vengeur, Manic, Germe des Dieux, et Pere,
Nomien, Double, Hospitalier,
Beaucoupforme, premier, Dernier,
Lynean, Portesceptre, Grandime,
Lyssien, Baleur, Bonime,
Nourrivigne, Aymepampre, enfant,
Gange te vit triomphant,
Et la gemmeuse mer
Que le Soleil vient alumer
De la premiere sagette
Qu'à son lever il nous jette ;
Bien te sentit la Terriere Corte
Des Geans montaigneporte ;
Et bien Mime te sentit
Quand ta main Rethe abatit ;
Et bien te sentit Penthée
Qui méprisa ta feste inusitée ;
Et bien les Nautonniers barbares,
Quand leurs mains avares
Te tromperent, toy, beau,
Toy, Dieu celé dessous un juvenceau.
Iach, ïach, Evoé,
Evoé, ïach, ïach !

* *

Que diray-je de ces Thebaines,
Qui veirent leurs toilles pleines
De vigne, et par la nuict,
Elles, jettans un petit bruit,
Se virent, de corps denuées,
En chauves souris muées ?
Quoy du Soldart de Mysie ?
Et de l'impieteux Acrisie,
Qui, à la fin, sentit bien ta puissance,
Bien que puny d'une tarde vengeance ?

* *

C'est toy qui flechis les rivieres,
Et les mers, tant soyent elles fieres ;
Toy, sainct, Toy, grand, tu romps en deux
Les rochers vineux,
Et tu fais, hors de leurs veines,
Tressauter à val les fonteines
Douces de Nectar, et, des Houx
Tu fais suinter le miel doux.
Iach, ïach, Evoé,
Evoé, ïach, ïach !

* *

Le Coutre, en voute doublé,
Te doit, et Ceres porteblé ;
Les loys te doivent, et les villes,
Et les polices Civiles ;
La liberté, qui ayme mieux s'ofrir
A la mort, qu'un Tyran soufrir,
Te doit ; et te doit encore

L'honneur, par qui les haux dieux on decore.
Iach, ïach, Evoé,
Evoé, ïach, ïach !

* * *

Par toy on ajoute, pareil,
Le pouvoir au conseil,
Et les Mimalons arrachans,
Par les champs,
Les veaux des tetins de leurs meres,
Comme Feres,
D'un pié veillard vont roüant,
Autour de Rhodope joüant.
Iach, ïach, Evoé,
Evoé, ïach, ïach !

* * *

Mille cœurs de Poëtes divins,
Mille Chantres, et Devins,
Fremissent à ton honneur ;
Tu es à la vigne donneur
De sa grappe, et au pré
De son email diapré,
Les rives par toy fleurissent ;
Les blés par toy se hérissent ;
O Alme Dieu !
En tout lieu
Tu rens compagnables
Les semances mal sortables.
Iach, ïach, Evoé,
Evoé, ïach, ïach !

*
* *

Tu repares d'une jeunesse
La vieillesse
Des siecles fuyans par le Monde ;
Tu poises ceste Masse ronde,
O Daimon, et tu enserre'
L'eau tout au rond de la terre ;
Et au milieu du gránd air, fortement,
Tu pens la terre justement !
Iach, ïach, Evoé,
Evoé, ïach, ïach !

*
* *

Par toy, chargés de ton Nectar,
Rempans avec toy dans ton char,
Nous concevons des cieux
Les segrés précieux,
Et bien que ne soyons qu'hommes,
Par toy Demidieux nous sommes.
Iach, ïach, Evoé,
Evoé, ïach, ïach !

*
* *

Je te salue, ô Lychnite !
Je te salue, ô l'elite
Des Dieux, et le Pere
A qui ce tout obtempere !
Dextre, vien à ceux
Qui ne sont point paresseux
De renouveler tes mysteres;
Amene les doubles Meres
Des Amours, et vien,

l

Evien,
Œillader tes bons amis,
Avecq ta compaigne Themis,
Enclose des anciennes
Nymfes Coriciennes,
Et reçoy,
O Roy,
Le bouc rongevigne,
Qui trepigne
Sur ton autel
Immortel.
Iach, ïach, Evoé,
Evoé, ïach, ïach !

*
* *

Viens donq, Pere, et me regarde
D'un bon œil, et pren en garde
Moy, ton poëte Jödelle,
Et pour la gloire eternelle
De ma brave tragœdie,
Reçoy ce vœu, qu'humble je te dedie.

TRADUCTION DE QUELQUES EPIGRAMMES GRECZ.

A MARC ANTOINE DE MURET.

DU GREC DE POSIDIPPE.

Quel train de vie est-il bon que je suive,
Affin, Muret, qu'heureusement que je vive ?
Dans les palais, il n'y a que proces, (¹)
Noyses, debatz, et quereleux exces ;
Les maisons sont de mille soucis pleines ;
Le labourage est tout rempli de peines ;
Le matelot, familier du labeur,
Dessus les eaux pallit tousjours de peur ;
Celuy qui erre en un païs etrange,
S'il a du bien, il craint qu'on ne le mange ;
D'estre indigent, c'est une grand'douleur ; (²)
Le mariage est comblé de malheur,
Et si l'on vid sans estre en mariage,
Seul et desert il faut user son age ;
Avoir enfans, n'avoir enfans aussi,
Donne labeur, donne soing et souci ; (³)
La Jeunesse est peu sage et mal abile ;

La vieillesse est languissante et débile,
Ayant toujours la mort devant les yeux.

Doncques, Muret, je croy qu'il vaudroit mieux
L'un de ces deux : ou bien jamais de n'estre,
Ou de mourir si tost qu'on vient de naistre.

DU GREC D'ANACREON.

Du grand Turc je n'ay souci,
Ny de l'Empereur aussi ; [4]
L'or n'attire point ma vie ;
Aux Roys je ne porte envie.
J'ay soucy tant seulement [5]
D'oindre mon poil d'oignement ;
J'ai souci q'une couronne
De fleurs ma teste environne.

Le soin de ce jour me point ;
Du demain je n'en ay point.
Et qui sçauroit bien cognoistre [6]
Si un lendemain doit estre ?

Vulcan, fay moy, d'un art gent, [7]
Un creux gobelet d'argent,
Et de toute ta puissance,
Large, creuse luy la panse ;
Et ne fay non point, autour,
Des estoilles le retour,
Ny la charréte celeste,
Ny cet Orion moleste,
Mais bien un vignoble verd,
Mais un cep riant, couvert
D'une grappe toute pleine,
Avec Bacchus et Siléne.

Veux tu sçavoir quelle voye
L'home à pauvreté convoye ?
Elever trop de palais
Et nourrir trop de valletz.

DU GREC D'AUTOMEDON.

Aux creanciers ne devoir rien [8],
Est, par sus tous, le premier bien ;
Le second, n'estre en mariage,
Et le tiers, vivre sans lignage.
Mais si un fol se veult lier
Sous Hymenée, il doit prier
Qu'apres l'argent, dessoubz la lame, [9]
Le jour mesme enterre sa femme.
Celuy qui cognoist bien ceci
Vit sagement, et n'a souci
Des Atomes, ni s'Epicure
Cherche du vuide en la nature.

L'Home, une fois marié,
        Qui lié
Se revoit, par mariage,
Par deux fois se vient ranger
        Au danger,
Sauvé du premier naufrage.

L'image de Thomas pourpense quelque chose, (¹⁰)
Et Thomas au parquet se taist à bouche close ;
L'image est avocat à voir son parlant trait,
Et Thomas n'est, sinon portrait de son portrait.

DU GREC DE LUCIL

Si tu es viste au souper, [11]
Et à courir mal adestre, [12]
Des piedz il te faut repaistre,
Et des levres galoper.

DE PALLADAS

Si nourrir grand barbe au menton
Nous fait filosofes paroistre,
Un bouc barbasse pourroit estre,
Par ce moyen, quelque Platon.

DE AMMIAN

———

Tu penses estre veu plus sage
Pour porter grand barbe au visage,
Et pource, à l'entour de ta bouche,
Tu nourris un grand chassemouche ;
Si tu m'en croys, jette la bas :
La grand barbe n'engendre pas
Les sciences plus excellentes, (¹⁴)
Mais des morpions et des lentes.

DE NICARCHE

Quelqu'un voulant à Rodes naviguer,
Ains qu'entreprendre un si long navigage,
Pour s'enquerir s'il aurait bon voiage,
Il vint d'Olymp' le prestre interroguer.
Il lui respond : " Monte dans un vaisseau
Qui soit tout vuide, et par l'hiver ne pousse,
Mais en esté, quand la saison est douce,
Hors de son port, ton navire sur l'eau ;
Si tu parfais ce que ma voix t'aprend,
A Rode iras sur les flotz de Neptune,
A seureté, — j'enten si, de fortune,
Quelque pirate en la mer ne te prend. "

DE PALLADAS

Aiant un petit cors vestu [14]
D'un si petit monceau de terre,
Di moy, pourquoy mesures tu
Tout ce monde qui nos enserre ?
Mesure toy premierement,
Et te conoy, et te commande,
Et puis mesure entierement
Le ciel, et la terre si grande.
Si mesurer tu n'as pouvoir
De ton corps la fangeuse ordure, [15]
Comment pourras tu bien sçavoir
De ce grand monde la mesure ?

DU MESME

O Mere des flateurs, Richesse,
Fille de soin et de tristesse,
T'avoir est une grande peur,
Et ne t'avoir grande douleur !

DE NICARCHE

Le pet qui ne peut sortir
A maintz la mort fait sentir,
Et le pet de son chant donne
La vie à mainte personne ;
Si donc un pet est si fort
Qu'il sauve, ou donne la mort,
D'un pet la force est égale
A la puissance royale.

DE LUCIL

Aiant tel crochét de naseaux,
Fuy les fontaines et les eaux,
Et ne te mires en leur bord :
Si ton visage tu miroys,
Comme Narcisse tu mourroys,
Te haïssant jusqu'à la mort.

DU NÉS DE DIMANCHE

Quand il te plaist becher, Dimanche,
Ton grand nés te sert d'une tranche ;
Quand vendanger, d'un couteau tors ;
D'une trompette quand tu dors ;
Aux Nefz il sert d'ancre tortuë, (16)
Aux laboureurs d'une charruë ;
D'un haim aux pescheurs mariniers,
Et de havet aux cuisiniers ;
Aux charpentiers de dolouëre ;
Aux jardiniers de cerclouëre ;
De besaguë au fevre, et puis
De maillet pour fraper à l'huis.
Ainsi, Dimanche, en toutes sortes,
Pour cent mestiers un nés tu portes.

DE POSSIDIPPE

SUR L'IMAGE DU TEMS

— Qui, et d'où est l'ouvrier ? — Du Mans. — Son
[nom ? — Le Conte.
— Et mais toy, qui est tu ? — Le Tems qui tout
[surmonte.
— Pourquoy sur les ergos vas tu toujours coulant ? (17)
— Pour montrer que je suis incessemment roulant.
— Pourquoy te sont les piedz ornez de doubles
[aisles ? (18)
— Affin de m'en voler comme vent desus elles.
— Pourquoy va ta main destre un rasoüer touchant ? (19)
— Pour monstrer que je suis plus aigu qu'un trenchant.
— Pourquoy dessus les yeux voltige ta criniere ?
— Pour estre pris devant et non par le derriere.
— Et pourquoy chauve ? — Affin de ne me voir hapé,
Si des le premier coup je ne suis attrapé. "
Tel, peint du naturel, Le Conte me decueuvre, (20)
Et pour toy sur ton huys a mis ce beau chef d'euvre.

Trop plus que la misere est meilleure l'envie ;
Ceux qui sont enviez ont une heureuse vie ;
On a toujours pitié de ces pauvres chetifz ;
Puisse je n'estre, O Dieux, des grandz ni des petitz !
La médiocrité fait la personne heureuse ;
Le haut degré d'honeur est chose dangereuse,
Et le trop bas estat traisne ordinairement
Par sa suite une injure et un meprisement. ([21])

FIN DES EPIGRAMES.

SONET

———

Lance au bout d'or, qui sais et poindre et oindre,
De qui jamais la roideur ne defaut, (¹)
Quand, en camp clos, bras a bras, il me faut
Toutes les nuis au dous combat me joindre ;

Lance, vraiment, que ne fus jamais moindre
A ton dernier qu'à ton premier assaut,
De qui le bout, bravement dressé haut,
Est toujours prest de choquer et de poindre ! (²)

Sans toi le Monde un Chaos se feroit,
Nature manque inabille seroit,
Sans tes combas, d'acomplir ses offices ;

Donq, si tu es l'instrument de bon heur
Par qui l'on vit, combien à ton honneur (³)
Doit on de vœus, combien de sacrifices ?

———

L. M. F.

———

Je te salue, ô vermeillette fante,
Qui vivement entre ces flancs reluis ;
Je te salue, ô bienheuré pertuis, (¹)
Qui rens ma vie heureusement contante !

C'est toi qui fais que plus ne me tourmante
L'archer volant qui causoit mes ennuis ;
T'aiant tenu seulement quatre nuis, (²)
Je sen sa force en moi desja plus lente.

O petit trou, trou mignard, trou velu,
D'un poil folet mollement crespelu,
Qui à ton gré domtes les plus rebelles:

Tous vers galans devoient, pour t'honorer, (³)
A beaux genoux te venir adorer,
Tenans au poin leurs flambantes chandelles !

———

EXTRAICT DES REGISTRES DE PARLEMENT

La court apres avoir veu la requeste à elle presentée par Catherine, l'heritier veufve de feu Maurice de la porte libraire à Paris : a permis et permect à ladicte lheritier de imprimer ou faire imprimer et exposer en vente un Livre intitulé Livret de Folastries à Janot Parisien. Defendant à tous autres libraires et imprimeurs de ce ressort de iceluy livret imprimer et vendre sans l'adveu et consentement de ladicte suppliante dedans le temps de quatre ans, à compter du jour que ledit livre sera parachevé d'imprimer, Sur peine de confiscation des livres qui autrement seroient imprimez, et d'amende arbitraire. Fait en Parlement le dixneufiesme jour d'Avril. L'an mil cinq cens cinquante trois apres Pasques.

Signé

De sainct Germain.

Achevé d'Imprimer le vingt-
iesme jour d'Avril
1553.

———

BIBLIOGRAPHIE.

LES EDITIONS DU LIVRET DE FOLASTRIES.

LIVRET DE FOLASTRIES, A JANOT PARISIEN. *Plus, quelques Epigrames grecs : et des Dithyrambes chantes au Bouc de E. Jodëlle Poëte Tragiq.* Avec Privilege. A Paris. Chez la veufve Maurice de la porte. 1553.

Exemplaire de la Bibliothèque de l'Arsenal (Réserve B. L. 6561). Petit in-8⁰ de 72 pages, dont les 3 dernières non paginées. Le titre est à la page 1 ; la page 2 est blanche; la première pièce : *A Janot...* commence page 3 ; page 5 : *Première Folastrie* ; page 14 : *Folastrie II* et suivantes, puis les *Dithyrambes* ; page 58 les *Traductions* ; pages 68 et 69, les deux sonnets ; page 70 les *errata* intitulés : *Faultes aperceües en l'impression des Folastries* ; page 71 ; *l'Extraict des registres de Parlement* ; enfin, page 72, la mention *Achevé d'imprimer le...*

*
* *

LIVRET DE FOLASTRIES, A JANOT PARISIEN. *Plus, quelques Epigrames grecs : et des Dithyrambes chantes au Bouc de E. Jodëlle Poëte Tragiq. Reveu et augmenté en ceste édition.* 1584.

Bibliothèque Nationale, (Réserve Ye 1882.) La

8

première édition est réimprimée textuellement, et l'on n'a tenu aucun compte des nombreuses variantes fournies par les divers volumes de Ronsard reproduisant des pièces du LIVRET de 1553. En revanche, les fautes indiquées par les *errata* de 1553 ont été corrigées. Nous n'avons remarqué qu'une seule différence de texte, mais c'est évidemment une coquille. Le vers :

> Craq, craq, craq, n'oyez vous decoudre,

est ainsi reproduit :

> Craq, craq, craq, n'osez vous decoudre.

Il n'y a ni indication d'éditeur, ni *Errata*, ni *Privilège*, ni *Achevé d'imprimer*. L'ouvrage est augmenté des deux pièces suivantes, qui occupent les derniers feuillets :

ODELETTE (¹)

Les Muses lierent, un jour,
De chaisnes de roses, Amour,
Et, pour le garder, le donnerent
Aux graces, et à la Beauté,
Qui, voyans sa deloiauté,
Sus Parnasse l'emprisonnerent.

Si tost que Venus l'entendit,
Son beau Ceston elle vendit
A Vulcan, pour la delivrance

(¹) Cette *Odelette* avait été publiée dans les *Meslanges* de 1555, puis en d'autres éditions de Ronsard, avec des Variantes que nous n'indiquons pas ici, (cette pièce et la suivante n'appartenant pas au *Livret* de 1553). C'est une imitation de l'Ode Anacréontique n° 30 du recueil de H. Estienne.

De son enfant, et tout soudain,
Ayant l'argent dedans sa main,
Fit aux Muses la reverence :

" Muses, Deesses des Chansons,
Quand il faudroit quatre ranssons
Pour mon enfant, je les aporte :
Delivrés mon filz prisonnier. "
Mais les Muses l'ont faict lier
D'une autre chaisne bien plus forte.

Courage donques, amoureux,
Vous ne seres plus langoureux,
Amour n'oseroit, par ses ruses,
Plus faillir à vous presenter
Des vers, quand vous voudres chanter,
Puis qu'il est prisonnier des Muses.

SONNET [1]

Des beautez, des attraits, et des discours feconds,
De ma face, ma grace, et ma douce eloquence,
J'amflambay, j'amorçay, et j'atiray en France
Les plus beaux à m'aymer, gratieux, et faconds ;

[1] Ce sonnet en vers " rapportés ", délaissé par les exécuteurs testamentaires de Ronsard, et dont il est permis de mettre en doute l'authenticité, figure anonyme dans le *Registre-Journal* de l'Estoile, à la date de Sept. 1577. Il y porte le n° 3, sur dix pièces, dont deux latines, consacrées à l'*Histoire tragique de la Villequier, tuée par son mari.*

" Au commencement de ce mois de Septembre (note P. de L'Estoile), le seingneur de Villequier, chevalier de l'ordre du Roy et capitaine de cinquante hommes d'armes dedans le chasteau de Poictiers... tua sa femme sortant de son lict et la poingnarda, avec une de ses damoiselles, qui lui

Qui d'aspectz, de soubris, de beaux propos semonds,
A me voir, me chercher, et m'entendre en presence,
Bruslez, surpris, ravis, estoient en ma puissance,
D'yeux, de cœur, et de bouche, à mon service promptz ;

Mais mon mary, autant laict, facheux, et barbare,
Que j'estois belle, douce, et d'un discours bien rare,
Me ternit, me fanit, me tarit à la fois,

Dans mes yeux, dans mon front, dedans ma bouche
                                          [blesme,
Ma beauté, et ma grace, et ma parolle mesme,
De sa dague persant le canal de ma voix.

tenoit un mirouer, et lui aidoit à se pinplocher. Et ce, sur le subject d'un
pacquet que ledit Villequier surprist, duquel il print asseurance de sa pail-
lardise (que diespieça, toutefois, il estoit bien adverti qu'elle exerçoit avec
plusieurs personnes).

Ce pacquet estoit par elle adressé au seingneur de Barbizi, qui estoit un
beau jeune homme parisien, qui avoit espousé la veusve du deffunct
Villemain, Me des requestes, et avec laquelle il paillardoit du vivant de feu
son mari, et lui mandoit qu'elle estoit grosse de son fait, combien que
son mari plus de dix mois auparavant n'eust couché avec elle. Et encores
disoit l'on que ledit Villequier avoit descouvert une entreprise que sa femme
avoit fait de l'empoisonner, comme jà ledit Barbizi avoit empoisonné la
sienne, affin de se marier ensemble, après la mort de l'un et de l'autre, et
qu'il avoit trouvé dans les coffres de sa femme la mixtion ou paste dont il
devoit estre empoisonné.

Ce meurtre fust trouvé cruel, comme commis en une femme grosse de
deux enfans... Mais l'yssue et la facilité de la grâce et remission qu'en
obstinst Villequier sans aucune difficulté firent croire qu'il y avoit, en ce
fait, un secret commandement ou tacit consentement du Roy, qui hayoit
ceste dame, (encores qu'il en eust abuzé long temps, à ce qu'on disoit, par
l'entremise de son mari, qui en étoit le maquereau) pour un rapport qu'on
lui avoit fait qu'elle avoit mesdit de Sa Majesté en plaine compagnie.

Sur ceste mort tragique et estrange accident furent faits et divulgués
plusieurs et diverses sortes de Tombeaux et epitaphes : entre lesquels j'ai
receuilli les suivants, qui sont tumbés en mes mains. ''

*\
* *

Le Livret de Folastries a Janot parisien. *Recueil de poésies de Ronsard, Le prince des poètes de son temps. Réimpression textuelle faite sur l'édition de 1553, et augmentée de plusieurs pièces ajoutées, soit dans l'édition de 1584, soit dans celle intitulée* les Gayetez de Ronsard. Paris, chez Jules Gay, Editeur, Quai des Augustins, 25. — 1862.

Petit in-12, tiré à 100 exemplaires. Bonne réimpression, mais aujourd'hui fort rare. Les pièces *ajoutées* sont reproduites ou citées dans la préface.

*\
* *

Pierre de Ronsard. Livret de Folastries. *Publié sur l'édition originale de 1553 et augmenté d'un choix de pièces d'expression satyrique et gauloise tirées des éditions originales. Avec une notice et des notes par Ad. van Bever. Portrait de Pierre de Ronsard.* Paris, Société du Mercure de France, XXVI, rue de Condé, XXVI. MCMVII. (in-16).

*\
* *

La *Folastrie III* a été éditée sous le titre Les Folastries de la bonne chambriere a Janot Parisien, *recitées au bouc de Estienne Jodelle.* Pet. in-8 goth. Paris, s.d. — Réimprimé à la suite du Banquet des Chambrières, en 1836, par Pinard.

*\
* *

Aucune édition moderne des Œuvres de Ronsard, quels que soient ses mérites, ne comporte en entier le texte original du *Livret de Folastries.* La belle édition de Ronsard que M. Paul Laumonier vient de publier chez Lemerre, et que tout ronsardisant doit posséder, reproduit toujours la dernière version des pièces, et n'a pas à en offrir les variantes. En outre, le *Livret de Folastries*, ayant été disséminé par l'auteur dans ses *Œuvres*, ne peut s'y rencontrer dans son ordre primitif. Ces particularités, qui ne sont point des défauts dans l'ouvrage conçu sur le plan de M. Laumonier, la rareté de l'édition Gay, les erreurs du copiste ou les fautes typographiques de celle du *Mercure*, nous ont engagés à présenter aux Bibliophiles le texte original du *Livret*.

BIBLIOGRAPHIE DES DIVERSES PIÈCES DU *LIVRET*

A JANOT PARISIEN.

A qui donnai je...

1555. — CONTINUATION DES AMOURS, SOUS le titre
      Gayeté.
1556. — NOUVELLE CONTINUATION DES AMOURS.
      (*Gayeté*.)
1560. — LES ŒUVRES. (*Gayeté*.)
1567. — LES ŒUVRES. (*Gayeté*.)
1571. — LES ŒUVRES. (*Gayeté*.)
1572. — LES ŒUVRES. (*Gayeté*.)
1578. — LES ŒUVRES. (*Gayeté*.)
1584. — LES ŒUVRES. (*Gayeté I.*)
1584. — LIVRET DE FOLASTRIES. (*A Janot parisien.*)
1604. — LES ŒUVRES (*Gayeté I.*)
1609. — LES ŒUVRES (*Gayeté I*)

PREMIERE FOLASTRIE.

Une jeune....

1556. — NOUVELLE CONTINUATION DES AMOURS.
      (*Gayeté*.)
1560. — LES ŒUVRES. (*Gayeté*.)
1567. — LES ŒUVRES. (*Gayeté*.)
1572. — LES ŒUVRES. (*Gayeté*.)

1573. — INSTRUCTION POUR LES JEUNES DAMES. Par la mere et la fille (Marie et Cath. des Roches). (*Folastrie de P. D. R.*)

1578. — LES ŒUVRES. (*Gayeté.*)

1584. — LES ŒUVRES. (*Gayeté IIII.*)

1884. — LIVRET DE FOLASTRIES. (*Premiere Folastrie.*)

1597. — INSTRUCTION POUR LES JEUNES DAMES. (*Folastrie de P. D. R.*)

1600. — LE PREMIER LIVRE DE LA MUSE FOLASTRE. (*Folastrie I, non imprimée dans les Œuvres.*)

1604. — LES ŒUVRES. (*Gayeté III.*)

1609. — LES ŒUVRES. (*Gayeté III.*)

1609. — LES MUSES GAILLARDES. — (*Gaillardises de P. de Ronsard, non encores imprimees en ses œuvres.*)

*
* *

Cette pièce a été mise en musique par Fabrice Marin Caietain, (*Airs mis en musique à quatre parties*, Paris, 1578). La Bibliothèque Nationale possède la partie de Ténor. Le Superius est à Vienne et au Britisch Museum ; le Bassus à Vienne ; le Contraténor manque. Les quatre premiers vers seulement sont mis en musi-que ; il est probable que l'on ne chantait que la première partie, c'est-à-dire les 12 premiers vers.

Goudimel aurait composé pour cette pièce un air que nous n'avons pas retrouvé.

FOLASTRIE II.

J'ay vescu.....

1554. — LE BOCAGE. (*Gayeté.*)

1555. — CONTINUATION DES AMOURS. (*Gayeté.*)

1556. — Nouvelle Continuation des Amours. (*Gayeté.*)

1557. — Continuation des Amours. (*Gayeté.*)

1560. — Les Œuvres. (*Gayeté.*)

1567. — Les Œuvres. (*Gayeté.*)

1571. — Les Œuvres. (*Gayeté.*)

1572. — Les Œuvres. (*Gayeté.*)

1578. — Les Œuvres. (*Gayeté.*)

1584. — Livret de Folastries. (*Folastrie II.*)

1600. — Le premier Livre de la Muse Folastre. (*Folastrie II.*)

1604. — Les Œuvres. (*Gayeté IIII.*)

1609. — Les Œuvres. (*Gaieté IIII.*)

1609. — Les Muses Gaillardes. (*Gaillardise II.*)

1618. — Le Cabinet Satyrique. (*Gaillardise.*)

FOLASTRIE III.

En cependant....

1556. — Nouvelle Continuation des Amours. (*Gayeté.*)

1557. — Continuation des Amours. (*Gayeté.*)

1584. — Livret de Folastries. (*Folastrie III.*)

1599. — La Courtisane bourdeloise. (*Folastrie de P. de Ronsard à Catin des Bas Souhaits.*)

1600. — Le premier Livre de la Muse Folastre. (*Folastrie III*).

1602. — Le premier Livre du Labyrinthe de Re-creation. (*Folastrie.*)

1609. — Les Muses Gaillardes. (*Gaillardise III.*)

1618. — Le Cabinet Satyrique. (*Satyre. Sur la belle Catin.*)

s. d. — Les Folastries de la bonne Chambriere.

FOLASTRIE IIII.

Jaquet ayme....

1556. — NOUVELLE CONTINUATION DES AMOURS.
(*Gayeté.*)
1557. — CONTINUATION DES AMOURS. (*Gayeté.*)
1560. — LES ŒUVRES. (*Gayeté du Bocage*).
1567. — LES ŒUVRES. (*Gayeté.*)
1572. — LES ŒUVRES. (*Gayeté.*)
1578. — LES ŒUVRES. (*Gayeté.*)
1584. — LIVRET DE FOLASTRIES. (*Folastrie IIII.*)
1600. — LE PREMIER LIVRE DE LA MUSE FOLASTRE.
(*Folastrie IV.*)
1604. — LES ŒUVRES. (*Gayeté V.*)
1609. — LES ŒUVRES. (*Gayeté V.*)
1609. — LES MUSES GAILLARDES. (*Gaillardise IIII.*)

FOLASTRIE V.

Au vieil temps....

1555. — CONTINUATION DES AMOURS. (*Gayeté.*)
1556. — NOUVELLE CONTINUATION DES AMOURS.
(*Gayeté.*)
1557. — CONTINUATION DES AMOURS. (*Gayeté.*)
1560. — LES ŒUVRES. (*Gayeté.*)
1567. — LES ŒUVRES. (*Gayeté.*)
1571. — LES ŒUVRES. (*Gayeté.*)
1572. — LES ŒUVRES. (*Gayeté.*)
1578. — LES ŒUVRES (*Gayeté.*)
1584. — LIVRET DE FOLASTRIES. (*Folastrie V.*)
1600. — LE PREMIER LIVRE DE LA MUSE FOLASTRE.
(*Folastrie V.*)

1604. — LES ŒUVRES. (*Gayeté VI.*)
1609. — LES ŒUVRES. (*Gayeté VI.*)
1609. — LES MUSES GAILLARDES. (*Gaillardise V.*)
1618. — LE CABINET SATYRIQUE. (Sans titre.)

FOLASTRIE VI.

Enfant quartanier...

1555. — CONTINUATION DES AMOURS. (*Gayeté.*)
1556. — NOUVELLE CONTINUATION DES AMOURS.
   (*Gayeté.*)
1557. — CONTINUATION DES AMOURS. (*Gayeté.*)
1560. — LES ŒUVRES. (*Gayeté.*)
1584. — LIVRET DE FOLASTRIES. (*Folastrie VI.*)
1600. — LE PREMIER LIVRE DE LA MUSE FOLASTRE.
   (*Folastrie VI.*)
1604. — LES ŒUVRES. (*Gayeté VII.*)
1609. — LES ŒUVRES. (*Gayeté VII.*)
1609. — LA MUSE GAILLARDE. (*Gaillardise VI.*)
1618. — LE CABINET SATYRIQUE. (*Gaillardise.*)

FOLASTRIE VII.

Assez vrayment...

1555. — CONTINUATION DES AMOURS. (*Gayeté.*)
1556. — NOUVELLE CONTINUATION DES AMOURS.
   (*Gayeté.*)
1557. — CONTINUATION DES AMOURS. (*Gayeté.*)
1560. — LES ŒUVRES. (*Gayeté.*)
1567. — LES ŒUVRES. (*Gayeté.*)
1571. — LES ŒUVRES. (*Gayeté.*)
1572. — LES ŒUVRES. (*Gayeté.*)

1578. — LES ŒUVRES. (*Gayeté.*)
1584. — LES ŒUVRES. (*Gayeté II.*)
1584. — LIVRET DE FOLASTRIES. (*Folastrie VII.*)
1600. — LE PREMIER LIVRE DE LA MUSE FOLASTRE.
   (*Folastrie VII.*)
1604. — LES ŒUVRES. (*Gayeté II.*)
1609. — LES ŒUVRES. (*Gayeté II.*)
1609. — LES MUSES GAILLARDES. (*Gaillardise VII.*)
1618. — LE CABINET SATYRIQUE. (*Gaillardise.*)

FOLASTRIE VIII.

LE NUAGE OU L'YVRONGNE.

Un soir, le jour...

1584. — LIVRET DE FOLASTRIES. (Même titre)
1600. — LE PREMIER LIVRE DE LA MUSE FOLASTRE.
   (*Folastrie VIII.*)
1604. — LES ŒUVRES. (*Gayeté Huictiesme. Le Nuage,*
   ou L'yvrongne.)
1609. — LES ŒUVRES. (*Gayeté VIII.*)
1609. — LES MUSES GAILLARDES. (*Gaillardise VIII. Le*
   Nuage, ou L'yvrongne.)
1618. — LE CABINET SATYRIQUE. (*Gaillardise.*)

DITHYRAMBES A LA POMPE DU BOUC DE E. JODELLE, POETE TRAGIQ.

Tout ravy a'esprit...

1584. — LIVRET DE FOLASTRIES. (Même titre)
1604. — LES ŒUVRES. (Même titre)
1609. — LES ŒUVRES. (Même titre)

A MARC ANTOINE DE MURET.
DU GREC DE POSIDIPPE.

Quel train de vie...

1554. — LE BOCAGE. (*De Posidippe. A Guy de Bruès.*)
1560. — LES ŒUVRES. (*De Posidippe.*)
1567. — LES ŒUVRES. (*De Posidippe.*)
1571. — LES ŒUVRES. (*De Posidippe.*)
1572. — LES ŒUVRES. (*De Posidippe.*)
1578. — LES ŒUVRES. (Sans titre)
1584. — LES ŒUVRES. (Sans titre)
1584. — LIVRET DE FOLASTRIES. (*Du grec de Posidippe.*)
1604. — LES ŒUVRES. (*Du grec de Posidippe.*)
1609. — LES ŒUVRES. (*Du grec de Posidippe.*)

DU GREC D'ANACREON.

Du grand Turc...

1554. — LES MESLANGES. (*Ode à Vulcan.*)
1555. — LES MESLANGES. (*Ode à Vulcan.*)
1560. — LES ŒUVRES. (*Ode XXIX.*)
1567. — LES ŒUVRES. (*Ode XXIX.*)
1571. — LES ŒUVRES. (*Ode XXVIII.*)
1572. — LES ŒUVRES. (*Ode XXVIII.*)
1578. — LES ŒUVRES. (*Ode XXVI.*)
1584. — LES ŒUVRES. (*Ode XXIII.*)
1584. — LIVRET DE FOLASTRIES. (*Du grec d'Anacreon.*)
1586. — LES ŒUVRES. (*Ode XX.*)
1592. — LES ŒUVRES. (*Ode XX.*)
1597. — LES ŒUVRES. (*Ode XX.*)
1604. — LES ŒUVRES. (*Ode XX.*)
1609. — LES ŒUVRES. (*Ode XX.*)

Veux tu sçavoir....

1555. — LES MESLANGES. (*D'Anacreon.*)
1560. — LES ŒUVRES. (*D'Anacreon.*)
1567. — LES ŒUVRES. (*D'Anacreon.*)
1571. — LES ŒUVRES. (*D'Anacreon.*)
1572. — LES ŒUVRES. (*D'Anacreon.*)
1578. — LES ŒUVRES. (Sans titre.)
1584. — LES ŒUVRES. (Sans titre.)
1584. — LIVRET DE FOLASTRIES. (Sans titre.)
1604. — LES ŒUVRES. (Sans titre.)
1609. — LES ŒUVRES. (Sans titre.)

DU GREC D'AUTOMEDON.

Aux creanciers....

1555. — LES MESLANGES. (*D'Automedon.*)
1560. — LES ŒUVRES. (*D'Automedon.*)
1567. — LES ŒUVRES. (*D'Automedon.*)
1572. — LES ŒUVRES. (*D'Automedon.*)
1578. — LES ŒUVRES. (*D'Automedon.*)
1584. — LES ŒUVRES. (Sans titre.)
1584. — LIVRET DE FOLASTRIES. (*Du grec D'Automedon.*
1604. — LES ŒUVRES. (*Du grec d'Automedon.*)
1609. — LES ŒUVRES. (*Du grec d'Automedon.*)

L'Homme une fois....

1555. — LES MESLANGES. (Sans titre.)
1560. — LES ŒUVRES. (Sans titre.)
1567. — LES ŒUVRES. (Sans titre.)
1572. — LES ŒUVRES. (Sans titre.)
1584. — LIVRET DE FOLASTRIES. (Sans titre.)
1604. — LES ŒUVRES. (Sans titre.)
1609. — LES ŒUVRES. (Sans titre.)

L'Image de Thomas...

1555. — LES MESLANGES. (Sans titre.)
1560. — LES ŒUVRES. (Sans titre.)
1567. — LES ŒUVRES. (Sans titre.)
1572. — LES ŒUVRES. (Sans titre.)
1578. — LES ŒUVRES. (Sans titre.)
1584. — LES ŒUVRES. (Sans titre.)
1584. — LIVRET DE FOLASTRIES. (Sans titre.)
1604. — LES ŒUVRES. (Sans titre.)
1609. — LES ŒUVRES. (Sans titre.)

DU GREC DE LUCIL.

Si tu es viste....

1554. — LE BOCAGE. (*De Lucil.*)
1560. — LES ŒUVRES. (*De Lucil.*)
1567. — LES ŒUVRES. (*De Lucil.*)
1572. — LES ŒUVRES. (*De Lucil.*)
1578. — LES ŒUVRES. (Sans titre.)
1584. — LES ŒUVRES. (Sans titre.)
1584. — LIVRET DE FOLASTRIES. (*Du grec de Lucil.*)
1604. — LES ŒUVRES. (*Du grec de Lucil.*)
1609. — LES ŒUVRES. (*Du grec de Lucil.*)

DE PALLADAS.

Si nourrir....

1555. — LES MESLANGES. (Même titre.)
1560. — LES ŒUVRES. (Même titre.)
1567. — LES ŒUVRES. (Même titre.)
1572. — LES ŒUVRES. (Même titre.)
1578. — LES ŒUVRES. (Sans titre.)
1584. — LES ŒUVRES. (Sans titre.)

1584. — LIVRET DE FOLASTRIES. (*De Pallaäas.*)
1604. — LES ŒUVRES. (*De Palladas.*)
1609. — LES ŒUVRES. (*De Palladas.*)

DE AMMIAN.

Tu penses estre veu....

1554. — LE BOCAGE. (Même titre.)
1560. — LES ŒUVRES. (Même titre.)
1567. — LES ŒUVRES. (Même titre.)
1572. — LES ŒUVRES. (Même titre.)
1584. — LIVRET DE FOLASTRIES. (Même titre.)
1604. — LES ŒUVRES. (*D'Ammian.*)
1609. — LES ŒUVRES. (*D'Ammian.*)

DE NICARCHE.

Quelqu'un voulant....

1584. — LIVRET DE FOLASTRIES. (Même titre.)
1604. — LES ŒUVRES. (Même titre.)
1609. — LES ŒUVRES. (Même titre.)

DE PALLADAS.

Aiant un petit cors....

1554. — LE BOCAGE. (Même titre.)
1560. — LES ŒUVRES. (Même titre.)
1567. — LES ŒUVRES. (Même titre.)

DU MESME.

O Mere des flateurs....

1554. — LE BOCAGE. (Même titre.)

1560. — LES ŒUVRES. (Même titre.)
1567. — LES ŒUVRES. (Même titre.)
1572. — LES ŒUVRES. (Même titre.)
1578. — LES ŒUVRES. (Même titre.)
1584. — LES ŒUVRES. (Même titre.)
1584. — LIVRET DE FOLASTRIES. (Même titre.)
1604. — LES ŒUVRES. (*Au mesme.*)
1609. — LES ŒUVRES. (*Au mesme.*)

DE NICARCHE.

Le pet qui ne peut....

1584. — LIVRET DE FOLASTRIES. (Même titre).
1604. — LES ŒUVRES. (Même titre).
1609. — LES ŒUVRES. (Même titre.)

DE LUCIL.

Aiant tel crochet...

1555. — LES MESLANGES. (Même titre.)
1560. — LES ŒUVRES. (Même titre.)
1567. — LES ŒUVRES. (Même titre.)
1572. — LES ŒUVRES. (Même titre.)
1584. — LIVRET DE FOLASTRIES. (Même titre).
1604. — LES ŒUVRES. (Même titre.)
1609. — LES ŒUVRES. (Même titre.)

DU NÉS DE DIMANCHE.

Quand il te plaist...

1554. — LE BOCAGE. (Même titre.)
1560. — LES ŒUVRES. (Sans titre.)
1567. — LES ŒUVRES. (*De Palladas.*)

9

1572. — LES ŒUVRES. (*De Palladas.*)
1578. — LES ŒUVRES. (*De Palladas.*)
1584. — LES ŒUVRES. (*De Palladas.*)
1584. — LIVRET DE FOLASTRIES. (*Du Nés de Dimanche.*)
1604. — LES ŒUVRES. (*De Palladas.*)
1609. — LES ŒUVRES. (*De Palladas.*)

DE POSIDIPPE. SUR L'IMAGE DU TEMS.

Qui est d'où est...

1555. — LES MESLANGES. (Même titre)
1560. — LES ŒUVRES. (Même titre.)
1567. — LES ŒUVRES. (*De Posidippe. Sur l'image du temps.*)
1572. — LES ŒUVRES. (*De Posidippe. Sur l'image du Temps.*
1578. — LES ŒUVRES. (Sans titre.)
1584. — LES ŒUVRES. (Sans titre.)
1584. — LIVRET DE FOLASTRIES. (*De Posidippe. Sur l'image du Tems.*)

Trop plus que la misere...

1554. — LE BOCAGE. (*A P. de Pascal. De Palladas.*)
1560. — LES ŒUVRES. (*De Palladas.*)
1567. — LES ŒUVRES. (*De Palladas.*)
1572. — LES ŒUVRES. (*De Palladas.*)
1584. — LIVRET DE FOLASTRIES. (Sans titre.)
1604. — LES ŒUVRES. (Sans titre.)
1609. — LES ŒUVRES. (Sans titre.)

SONET.

Lance au bout d'or...

1584. — LIVRET DE FOLASTRIES. (Même titre.)

1600. — Le premier Livre de la Muse Folastre. (*Sonnet masculin.*)

1603. — Le premier Livre de la Muse Folastre. (*Sonnet masculin.*)

1618. — Le Cabinet Satyrique. (*Sonnet.*)

1619. — Le Cabinet Satyrique. — (*Sonnet.*)

L. M. F.

Je te salue...

1584. — Livret de Folastries. (Même titre.)

1600. — Le premier Livre de la Muse Folastre. (*Sonnet feminin.*)

1603. — Le premier Livre de la Muse Folastre. (*Sonnet Fœminin.*)

1618. — Le Cabinet Satyrique. (*Sonnet.*)

1619. — Le Cabinet Satyrique. (*Sonnet.*)

NOTES ET VARIANTES.

A JANOT PARISIEN.

Dans cette pièce liminaire, Ronsard imite la dédicace de Catulle à Cornelius Nepos, celle d'Ausone à Latinus Pacatus Drepanius, et, comme l'a fait remarquer M. Paul Laumonier, celle du poète catullien Flaminio à Fr. Turriano de Vérone (cf. *M. Antonii Flaminii Carmina*, Venise, 1548.)

Paul Lacroix (éd. Gay) et plusieurs autres critiques ont prétendu que *Janot Parisien* n'était autre que Jean de Mesmes, dit " Janot ", parce qu'enfant naturel il n'avait pas de nom patronymique. Pourtant, la plupart des érudits s'accordent à reconnaître Jean-Antoine de Baïf, qui, bien que né à Venise, fut élevé à Paris et devint le condisciple de Ronsard sous le préceptorat de Dorat, et ensuite au collège Coqueret, que le savant professeur fut chargé de diriger. Le ton de la dédicace s'accorde avec ce que l'on sait de l'étroite amitié qui unissait les deux jeunes poètes, et l'allusion à la *Muse grecque-latine*, compagne de celle de Dorat, renforce l'opinion générale touchant l'assimilation de Baïf à ce *Janot Parisien*.

Un critique, ayant cru voir une faute d'impression dans l'emploi de *donnai-je*, au passé, lui substitua le

futur apocopé que l'on rencontre en d'autres textes. Il
a peut-être raison ; mais la correction de Ronsard
lui-même ne serait-elle pas, après coup, une préférence
de temps ?

(¹) A qui don'ray-je ces sornettes,

(Œuvres, 1571.)

(²) Tout le plus gaillard de ce livre,
Et tout le plus mignardelet
De ce beau livre nouvelet.

(Œuvres, 1567.)

(³) Compagne de la Dereatine,

(Œuvres, 1567.)

Compagne de la Doratine,

(Œuvres, 1571.)

PREMIÈRE FOLASTRIE.

Cette pièce, conçue dans la tradition des anciens *Debats*, se ressent néanmoins de l'imitation de Catulle, à travers les *Hendecasyllabi* de Pontano, les *Juvenilia* de Muret, Marulle et Jean Second. On remarquera, en effet, outre le ton familier, l'emploi du refrain, et celui des diminutifs, plus accusé et plus fréquent ici que chez les poètes français antérieurs à la Pleiade. Ronsard et les imitateurs neo-latins de Catulle trouvaient un artifice de naïveté et de gentillesse dans *suaviolum dulcius ambrosia, brachiolum teres puellæ, solatiolum doloris, turgiduli flendo ocelli*, etc., que le poète de Lesbie employait avec une grâce quasi-naturelle, mais dont les transpositions affectées, et souvent inopportunes, finirent par fatiguer nos Muses, et n'être plus qu'un bégaiement sénile, au lieu du parler mignard de l'enfance et des Amours.

Le refrain catullien de cette *Folastrie* fut repris maintes fois, témoignage de son succès, soit en imitation, soit en parodie.

Quoi qu'en dise un récent éditeur des *Folastries*, il n'y a rien de commun entre celle-ci et le *Débat de deux Damoyselles, l'une nommée la Noyre et l'autre la Tannée*. Ces deux Demoiselles sont ainsi nommées par rapport à la couleur de leurs habits. La première aimait un cavalier éloigné d'elle ; la seconde avait un amant qu'elle voyait tous les jours, mais que son mari jaloux

ne lui permettait pas de favoriser du moindre regard.
Chacune exagère son martyre et prétend être la plus
malheureuse. (Cf. *Le Débat*, etc., *suivi de la Vie de
Saint Harenc et d'autres Poésies du XVe siècle*, Paris,
Firmin Didot, 1825.)

(1) Que me plaist la maigrelette,
(*N^lle Cont^on des Amours*, 1556.)

(2) Du Passereau compagnon,
Petit chien qui point ne laisse
De faire queüe à la lesse,
Qui ores l'un...
(*N^lle C^on des Amours*, 1556.)

Du Passereau compagnon,
Petit chien qui point ne laisse
De faire importune presse
Du passereau qui, tousjours,
Ha pour fidelle secours
Le tendre sein de la belle,
Quand le chien plume son esle,
Ou, de travers regardant,
Apres l'oyseau va grondant,
Et si je ments, grasselette,
(*Œuvres*, 1560.)

Du Passereau compagnon,
Petit chien, qui point ne laisse
De faire importune presse
Au passereau qui tousjours
(*Œuvres* 1584.)

(3) Aux ribaux qui s'en approchent.
(*Œuvres* 1584.)

(4) Une douce mignotise,
(*Œuvres*, 1584.)

(⁵) Que sa tremblante secousse
> (*Œuvres*, 1560.)

(⁶) Jamais une ne me fasche,
Pour ne la servir à tasche,
> (*Œuvres*, 1560.)

(⁷) Aussi n'est-il point tousjours
> (*Œuvres*, 1560.)

(⁸) Qui font de jour les pucelles
> (*Œuvres*, 1584.)

(⁹) Le seigneur de ce vilage
> (*N*ᴵᴵᵉ *C*ᵒⁿ *des Amours*, 1556.)

(¹⁰) Farcist votre nom de blâmes,
> (*Œuvres*, 1584.)

(¹¹) Pour vous engarder d'aymer
Celuy qui, gaillard, vous ayme
Toutes deux plus que soymesme,
Celuy qui vous ayme mieux
> (*Œuvres* 1560.)

(¹²) Ny les outrageux broquards
> (*N*ᴵᴵᵉ *C*ᵒⁿ *des Amours*, 1556.)

FOLASTRIE II.

———

Cette *Folastrie* fut écrite avant Janvier 1553, à l'époque où Henri II soutenait les princes allemands contre Charles-Quint, et s'était emparé de Metz, Toul, Verdun et Luxembourg (1552). L'Empereur, s'étant laissé surprendre à Inspruck par Maurice, conçut le dessein de réparer sa réputation en reprenant Metz, que défendit héroïquement François de Guise (Janvier 1553).

On peut rapprocher cette parodie de Tyrtée de la *Harangue que fit Mgr le Duc de Guise aux Soldats de Metz*, publiée en tête de la 2me éd. du *Cinquième des Odes* (1553), *traduite en partie de Tyrtée, poëte Grec;* et de l'*Exortation au Camp du Roy pour bien combattre le jour de la bataille*, publiée à part en 1558. (Cf. I^e^ et IIe livres des *Poèmes*, t. V du *Ronsard* de P. Laumonier, Lemerre, 1914-19.)

    [1] Plus heureux que tous les Rois

                  (*Œuvres*, 1560.)

    [2] Et les Masses Midiennes.

                  (*C^on^ des Amours*, 1555.)

    Ne les Masses Midiennes.

                  (*Œuvres* 1560.)

    [3] Sont venus atrister l'aise

                  (*C^on^ des Amours*, 1555.)

    [4] Fait esclave sous la loy

     D'un autre plus vaillant Roy.

                  (*C^on^ des Amours*, 1555.)

(5) Nobles Soldars furieux,

(Œuvres, 1560.)

Par les combats furieux,

(Œuvres, 1578.)

(6) Serez-vous pas les premiers ?

*(C*on *des Amours,* 1555.)

Ne serez-vous les premiers ?

(Œuvres, 1578.)

(7) Heureusement a fait voir
Les exploitz de son devoir,
Noble de mille conquestes!

*(C*on *des Amours,* 1555.)

(8) Et fraudez de telle gloire,

*(C*on *des Amours,* 1555).

(9) Et mal-asseurez de cœur,

(Œuvres, 1578.)

(10) De vos victoires le bien ;

*(C*on *des Amours,* 1555.)

(11) Vos sœurs je garderay bien
Sans vostre aide : allez gendarmes,

(Œuvres, 1578.)

FOLASTRIE III.

———

Cette *Folastrie* est une " contamination " d'Ovide
(*Am. Lib.* I, *Eleg.* 8), de Properce (*Lib.* IV, *Eleg.* V,)
d'Horace (*Ep. V. In Canidiam Veneficam*), et de Jean
Second, (*Am. Eleg.* 7). On pourrait ajouter la plupart
des poèmes et des ouvrages dont se servit plus tard
Mathurin Regnier pour la *Macette*. Il s'est lui-même
autant inspiré de la *Catin* de Ronsard que de la *Vieille
Courtisane Romaine*, de Du Bellay ; et il semble qu'Agrippa
d'Aubigné n'ait pas non plus dédaigné *Catin*, quand il
écrivit la *Satire contre Maroquin*, qui figure dans le
Printemps. Voir aussi dans les *Mignardises* de Jacques
Tahureau la pièce *Contre une vieille Maquerelle, qui avoit
mesdit de son admirée*. M. Paul Laumonier, dans son
Ronsard, Poète Lyrique, fait remarquer que Ronsard
doit à Catulle de parler des *ïambes*. (Cf. Catul. XXXVI,
In annales Volusii ; XL, Ad Ravidum.)

La *Folastrie* III, qui reparut sous le nom de *Gayeté*,
dans la 2ᵉ éd. de la *Continuation des Amours*, vient d'être
jointe pour la première fois aux *Œuvres Complètes de
Ronsard* par M. Paul Laumonier, t. VI, Lemerre,
1914-19.

[1] Agitoit les rougnons gaillards
    (*Cᵒⁿ des Amours*, 1557.)
[2] Defendra l'amoureuse entrée,
    (*Cᵒⁿ des Amours*, 1557.)

FOLASTRIE IIII.

—

Cette *Folastrie* est, par la forme, une parodie de l'ancienne pastorale française — tel que le *Banquet du Boys* —, déjà raillée par Villon dans les *Contredictz de Franc-Gontier*. Elle s'inspire, pour le fond, d'*Acmé et Septimius* de Catulle (XLV). Quant au refrain, Cf. Jean Second, *Sylvæ*, Epithalamium. La traduction du *Moretum*, dans les *Divers Jeux rustiques*, de Du Bellay, paraît ressortir au même genre, mi-parodique, mi-bucolique, où le goût du temps et celui de l'auteur semblent se railler eux-mêmes. Voir aussi les *Epigrammes* CCLXXXIV, et CCXVIII, de Marot, ainsi que l'Epigramme de Sainct-Gelays : *Roger rongeoit un quartier de pain bis....*

[1] Jaquet ayme tant sa Robine

          (*Œuvres*, 1560.)

[2] Que ny les robes violettes,

          (*Œuvres*, 1567.)

[3] Du chaume sec, et des bruyeres,

        (*N*lle *C*on *des Amours*, 1556).

[4] Se vint ruer en la poitrine

          (*Œuvres* 1578.)

[5] Et le frottant contre des aux,
En esternuant des naseaux,

          (*Œuvres* 1560.)

[6] D'une faim de berger, a pris

          (*Œuvres* 1560.)

D'une faim enragée, a pris
                    (*Œuvres*, 1578.)
(⁷) De Jaquet guignoit le tripart
                    (*Œuvres*, 1578.)
(⁸) Je te pry, Jaquet, chouze moy,
Et mets la tronche que je voy
                    (*Œuvres*, 1567).
Je te pri', Jaquet, chouze moy,
Et met la quille que je voy
                    (*Œuvres*, 1578.)
(⁹) Pour mieux te jaucher un petit. "
          (*N*ᵉˡˡᵉ *C*ᵒⁿ *des Amours*, 1556).
Pour mieux t'embrocher un petit. "
                    (*Œuvres*, 1567.)
(¹⁰) Et de Jaquet contr'aguinant,
          (*N*ˡˡᵉ *C*ᵒⁿ *des Amours*, 1556.)

FOLASTRIE V.

————

C'est une sorte de contre-partie aux deux petites
pièces de Catulle sur le moineau de Lesbie, tant imi-
tées, de loin ou de près, par les poètes de Renaissance, au profit, si l'on peut dire, de divers animaux
familiers. On connait la fameuse *Epitaphe d'un petit
chien*, des *Jeux Rustiques*; celle d'*Un Chat*, celle du
Passereau de Madame Marguerite; et, entre autres plus
tardives, le *Barbichon*, que Gilles Durant de la Bergerie
traduisit de la *Pancharis* du catullien Bonnefons, sans
compter la *Puce de Mme Desroches*, et la *Description de
Bistoquet*, des *Souspirs Amoureux* de Guy de Tours.

(¹) Les grands Herôs ne dédaignoient
    (*C^{on} des Amours*, (1555).

(²) Me dorlotoit entre les dras,
 Flanc de sur flanc et bras à bras,
    (*C^{on} des Amours*, (1555.)

(³) Sa vieille mère, trop cruelle,
 Brulante d'un ardent courrous,
    (*C^{on} des Amours*, 1555.)

————

FOLASTRIE VI.

———

(1) Enfant de quatre ans, combien
              (*C*on *des Amours,* 1 5 5 5.)
(2) Mais quand la douce blandice
              (*C*on *des Amours,* 1 5 5 5.)
 (3) " E quoy ? vous couchez au lit
    De Jane ? " Honteux à l'heure,
    Mignon, ton petit œil....
              (*C*on *des Amours,* 1 5 5 5.
(4) Et petillant de tes bras,
              (*Œuvres,* 1 5 6o.)
(5) Et luy dis, Mem mam, ma belle
              (*Œuvres,* (1 5 6o.)
(6) Or' te baisant tes beaux yeux,
    Or' ton sein delicieux,
    D'où les amours qui me tuent
    Dix mille fleches me ruent.
              (*C*on *des Amours,* 1 5 5 5.)
(7) La pièce s'arrête ici dans les *Œuvres* de 1 5 6o.

———

FOLASTRIE VII.

Ce fut sans doute l'épigramme 61ᵉ de Macedonius (*Anth. gr.* Jacobs, *Ep. com.* t. I), ou bien encore un vers d'Horace, le 6ᵉ de l'Ep. XIX à Mécène, qui engagèrent Ronsard à se reporter aux éloges qu'Homère fait du vin, particulièrement au chant VI de l'Iliade, quand Hector rencontre sa mère dans le Palais de Priam, et qu'elle va lui chercher de quoi faire des libations en l'honneur des Immortels. Ronsard connaissait aussi ce passage du " *Prologe* " de " *Gargantua* " : "...Car, à la composition de ce livre seigneurial, je ne perdiz ne emploiay oncques plus ny aultre temps que celluy qui estoit estably à prendre ma refection corporelle, sçavoir est : beuvant et mangeant. Aussi est cela juste heure d'escrire ces haultes matieres et sciences profundes, comme bien faire sçavoit Homere, paragon de tous Philologes. "

Le " menestrier delectable " rappelle les aèdes Phemius et Demodocus des festins de l'*Odyssée*, dont Ronsard s'est inspiré. Les vers qui précèdent immédiatement " *Que feroi-je en telle saison* ", et ceux qui suivent, proviennent du début de l'*Ode* IX d'Horace à Thaliarque. Il y faut joindre l'*Elégie* VI de Tibulle, L. 3, et l'*Elégie* XVII de Properce, L. 3.

(¹) Qui dit qu'on ne sçauroit avoir

(Œuvres 1567.)

(²) Je te salue, esprit d'Homere!

(Cᵒⁿ des Amours, 1555.)

(³) Pour bien entendre ce Vieillard !

(Cᵒⁿ des Amours, 1555.)

(⁴) Et d'une amour de quatorze ans,

(Œuvres 1584.)

(⁵) Donner plaisir à notre vie,
Qui bien tost nous sera ravie.

(Cᵒⁿ des Amours, 1555.)

Donner soulas à nostre vie,
Qui bien tost nous sera ravie.

(Œuvres, 1567.)

(⁶) Ores que les vents outrageus
Demenent un bruit orageus ;

(Cᵒⁿ des Amours, 1555.)

(⁷) Que l'aigle sans cesse bourrelle ;

(Œuvres, 1560.)

(⁸) Donne moy Tibulle, et Marulle,

(Œuvres, 1560.)

(⁹) Affin que par mes vers j'enchante

(Cᵒⁿ des Amours 1555.)

(¹⁰) Me tournasse dans les entrailles !

(Œuvres, 1560.)

FOLASTRIE VIII.

Cette *Folastrie* ne reparut, du vivant de Ronsard, que dans l'édition subreptice de 1584. Elle ne fut réunie pour la première fois aux *Œuvres* qu'en 1604. Sainte-Beuve y voit des " points frappants de ressemblance avec plusieurs Visions de Saint-Amant, Théophile et autres poètes de cette école. " (*Poésie franç. du XVI*e *siècle.*) Rien ne s'y rapporte directement, même l'*Ode* de Théophile : *Un corbeau devant moy croasse*, et la plupart des *Visions* dont parle Sainte-Beuve sont des coq-à-l'asne satiriques, des *Galimathias* ou des fantaisies allégoriques.

Thenot est le surnom du franc-taupin, qui dérive d'Etienne par le diminutif Thiennot. Dans Rabelais, Tenot, ou Tevot, personnifie l'ivrogne. Cf. L. III, ch. VIII : " *Sauve Tevot le pot au vin, c'est le cruon.* "

(1) Ces deux vers n'ont pas la quantité voulue. M. Prosper Blanchemain les a corrigés ainsi :

Il est jour, que dit l'alouette.

Non est, non ! non ! dit la fillette.

Nous proposons :

Il est jour, ce dit l'alouette.

Non est, non ! ce dit la fillette.

DITHYRAMBES A LA POMPE DU BOUC
DE E. JODELLE.

Pour célébrer le succès de la représentation d'*Eugene*
et de *Cléopâtre*, les amis de Jodelle s'assemblèrent en
un festin dans le bourg d'Arcueil, à l'époque du
carnaval de 1553. Quelques poètes de la Brigade cou-
ronnèrent de lierre un bouc qu'ils offrirent au
triomphateur, en prix de la Tragédie. Ce fut à cette
occasion que Ronsard entonna les *Dithyrambes*. Dix ans
plus tard, Zamariel et B. De Mont-Dieu, pseudonymes
de deux ministres génevois, La Roche-Chandieu et
Bernard de Mommeja, trouvèrent des armes contre
l'auteur des *Miseres de ce Temps* dans cette innocente
plaisanterie d'artistes : C'est-à-dire qu'ils accusèrent
Ronsard d'avoir voulu renouveler les mystères du
paganisme en sacrifiant un bouc à Bacchus. Ils le
représentèrent en outre comme un athée. Cf. *Le Temple
de Ronsard, où la legende de sa vie est brievement descrite,*
Genève, 1563, in-8. Ronsard, sentant la gravité de la
calomnie, n'oublia pas de la relever dans sa fameuse
Response aux prédicants.

> Ja la nappe estoit mise, et la table garnie
> Se bordoit d'une saincte et docte compagnie,
> Quand deux ou trois ensemble, en riant, ont poussé
> Le pere du troupeau à long poil hérissé :
> Il venoit à grands pas, ayant la barbe peinte,

D'un chapelet de fleurs la teste il avoit ceinte,
Le bouquet sur l'oreille, et bien fier se sentoit
De quoy telle jeunesse ainsi le presentoit ;
Puis il fut rejetté pour chose mesprisée
Apres qu'il eut servi d'une longue risée,
Et non sacrifié, comme tu dis, menteur,
De telle faulse bourde impudent inventeur.

L'accusation tomba sous la vigoureuse défense du
poëte ; mais Baïf, dans ses *Œuvres en rime* de 1573,
crut bon de répéter les mêmes choses que son ami,
sous le titre identique au premier de : *Dithyrambes*.
Toutefois, l'ode bachique ne reparut pas après 1584,
au moins du vivant de son auteur. Ce n'est pas, comme
on l'a cru, que Ronsard en jugeât la prosodie imparfaite,
mais bien parce qu'il redoutait encore l'imputation de
paganisme qu'il était facile à ses ennemis de ressusciter,
son œuvre ne s'y prêtant que trop, surtout ce passage
des *Dithyrambes*, où il s'adresse à Bacchus :

> Dextre, viens à ceux
> Qui ne sont point paresseux
> De renouveller tes mysteres !

Cette suppression, et le tardif témoignage de Binet,
firent attribuer les *Dithyrambes* à Bertrand Bergier de
Montembeuf, auteur de vers irréguliers qui ne nous
sont pas parvenus, et que Ronsard nomme parmi ses
amis de la Brigade, ainsi que dans son *Retour de
Gascogne* (*Bocage* de 1550, XIV). De plus, il lui dédia
l'*Ode XV* du Livre Ier des *Odes*. C'est surtout par
Joachim du Bellay que le poète poitevin nous est
connu. Il l'appelle *bedonniquebouffonique* dans une ode
pastorale, et *Dithyrambique* dans une pièce des *Jeux*

Rustiques, où il le loue, assez ironiquement d'ailleurs, d'avoir le premier écrit en français des Dithyrambes, " lesquels n'avoient ny pieds, ny jambes. " Enfin, il nous le présente comme un ignorant, que la fontaine *Cabaline* n'a point abreuvé, et qui n'a jamais gravi le " *le mont deux fois cornu.* "

> Tu ne prins onques fantasie
> De lire aucune poësie,
> Soit de ce temps, soit de jadis,
> Et si fais des vers plus que dix.

Comment, après cela, s'obstiner à répéter l'erreur de Binet : que Bertrand Bergier est l'auteur des *Dithyrambes* ; comment peut-on croire qu'un illettré puisse faire pareil étalage d'érudition touchant la Fable, son interprétation et les langues anciennes ? Enfin, non seulement Bergier n'a pas réclamé la paternité de l'ode, Ronsard ne l'a pas désavouée, les exécuteurs testamentaires n'ont point protesté : mais encore Joachim Du Bellay fait par deux fois allusion aux " vers sans lois " que sont les *Dithyrambes* de Ronsard (Cf. P. Laumonier, ed. Lemerre, t. VIII, note, p. 38.)

De toutes les preuves en faveur de Ronsard, les meilleures sont et l'imitation qu'il a faite d'auteurs latins ignorés de Bertrand Bergier, et les passages entiers, y compris des rimes et de nombreuses expressions, qu'il a repris dans l'*Hynne à Bacchus*, au *IIe Livre des Hynnes*. Cf. ed. Laumonier, t. IV, depuis *Evoé je forcene*, p. 360, jusqu'à la fin. Ajoutons que Colletet, dans son *Hist. des poët. franc.* t. IV, f° 38, attribue formellement l'ode à Ronsard, et que M. P. Laumonier, après avoir avancé que Ronsard sacrifia les *Dithyrambes* à cause de leur liberté rythmique, admet que Binet peut les avoir mis sur le compte de Bergier, dans le but de décharger la mémoire de son maître de l'accusation de paganisme que lui imputaient les protestants. Cela est très possible, et prouve que Binet aurait pénétré les véritables raisons qui obligèrent Ronsard d'écarter les *Dithyrambes* du recueil de ses Œuvres. Car, ces *Dithyrambes* sont loin d'être une œuvre arythmique ou de médiocre valeur, et nous protestons ici contre le dédain de la plupart des critiques. On y trouve, au contraire, un sens profond de l'harmonie, de la cadence oratoire, de la valeur tonique, pittoresque et significative des mots : tout ce qui constitue, enfin, l'art poétique ; et sans doute est-il superflu d'ajouter avec Pasquier, qu'il s'y rencontre maints passages empreints de la plus authentique et de la plus haute poésie. Si cela n'était, nous ne les retrouverions point, à peine modifiés, dans le bel *Hymne à Bacchus*, dont ils forment la meilleure part, et nous ne pourrions considérer les *Dithyrambes* en leur entier comme une ébauche déjà très poussée de cet Hymne.

On remarque que Ronsard se met lui-même en scène, et qu'il fait parler Jodelle. La mention du nom de Ronsard servit d'une assez misérable objection pour contester à celui-ci la paternité de la pièce.

Pour la première partie, Ronsard s'est inspiré de Flaminio (*Carmina*, I, *Ad Bacchum*) ; d'Ovide (*Ars Amat.* I, 541 sq. — *Metomorph.* IV, 11-30) ; de Marulle (*Hymnus Baccho*, 19-21. — Cf. *Hymni et epigrammata Marulli*, Florence, 1497, in-4°), qui s'inspira lui-même de Catulle (*Athys*, 21-34) ; enfin, d'Horace (*Carm.* II, XIX ; III, XXIII) et d'Euripide (*Bacch.* Chœurs). La deuxième partie, depuis : *Et recoy, o Roy...*, est une

paraphrase de l'*Hymnus Baccho*, y compris la litanie :
O Cuisse-né. M. Paul Laumonier, dans son *Ronsard
Poète Lyrique*, a dressé un tableau comparatif de trois
colonnes, l'une pour l'*Hymnus Baccho*, l'autre pour les
fragments des *Dithyrambes*, et la dernière pour l'*Hymne
à Bacchus*.

TRADUCTION DE QUELQUES ÉPIGRAMMES GRECZ

(NOTES)

___

A MARC ANTOINE DE MURET.

Du grec de Posidippe

Quel train de vie....

Cette épigramme figure dans l'édition Jacobs de l'*Anthologie Grecque*, T. I. *Ep. descript.* On en trouve la contre-partie dans *Les Passetemps* de Baïf, où elle est également dédiée à Muret :

A Marc Antoine
de Muret
Contre

Quel train de vie est-il bon que je suive.

Tout train de vie il est bon que tu suives,
A fin, Muret, qu'heureusement tu vives.
Dans le Palais sont punis les exces,
Par bon conseil s'appaisent les proces ;
Voy les maisons de mille plaisirs pleines ;
Le labourage est plein de douces peines ;
Le matelot, par un peu de labeur,
Jouist du gaing, délivré de la peur.
Celuy qui erre en un païs estrange
S'il a du bien, à son plaisir le mange,

S'il n'en a point, il en est moins troublé ;
Le marié vit de joye comblé ;
Celuy qui vit sans estre en mariage,
Seul, sans travail, passera son doux age.
Avoir enfans, n'avoir enfans aussi,
Ne donne plus l'un que l'autre soucy.
La jeunesse est gaye, belle, agreable :
La vieillesse est rassise, et venerable,
Qui le passé remet devant les yeux.
  Donques, Muret, je croy qu'il vaudroit mieux,
Si lon pouvoit, ne cesser jamais d'estre,
Que de mourir si tost qu'on vient de naistre.

*
* *

Du grec d'Anacreon.

Du grand Turc...

Cette épigramme reparut, amplifiée et remaniée,
sous le titre d'*Ode à Vulcan*, dans les *Meslanges* de 1555.
Dans les *Œuvres* de 1584 elle est adressée à Rèmy
Belleau, sous la forme définitive des *Meslanges*. Ronsard
l'emprunta soit à l'*Anthologie* de Lascaris, soit aux *Carmina* de *Macrinus*, lib. IV, où elle figure comme étant
d'une seule pièce. Ce fut en 1554 qu'Henri Estienne,
dans son *Anacreon*, la divisa en deux, n°s 15 et 17,
comme elle l'est aujourd'hui dans l'*Anthologie* de
Jacobs ; cf. *Ep. com.* Anacréon, 47 et 48.

*
* *

Veux-tu scavoir...

C'est le n° 119 des *Ep. morales*, de l'ed. Jacobs, t. I.,
où elle est anonyme. Induit en erreur par les premiers

collecteurs de l'*Anthologie*, Ronsard l'attribue à Anacréon, dans les *Meslanges* de 1555.

***

Du grec d'Automedon

Aux creanciers....

C'est le n° 50 de l'éd^{on} Jacobs.

***

L'Home, une fois....

Ed^{on} Jacobs, n° 133, *Ep. descript.*

***

L'image de Thomas....

Ed^{on} Jacobs, n° 145, *Ep. com.*

***

Du grec de Lucil.

Si tu es viste....

Ed^{on} Jacobs, n° 431, *Ep. com.*

***

De Palladas.

Si nourrir....

Ed^{on} Jacobs, n° 430, *Ep. Com.*

***

De Ammian.

Tu penses estre veu...

Ed^{on} Jacobs, n° 156, *Ep. com.*

***

De Nicarche.

Quelqu'un voulant...

Ed^{on} Jacobs, n° 162, *Ep. com.*

*
* *

De Palladas

Aiant un petit cors...

Ed^{on} Jacobs, n° 349, *Ep. com.*

*
* *

Du mesme.

O mere des flateurs...

Ed^{on} Jacobs, n° 394, *Ep. descript.*

*
* *

De Nicarche.

Le pet qui ne peut...

Ed^{on} Jacobs, n° 395, *Ep. com.*

*
* *

De Lucil.

Aiant tel crochet...

Ed^{on} Jacobs, n° 76, *Ep. com.*

*
* *

Du Nés de Dimanche.

Quand il te plaist...

Ed^{on} Jacobs, n° 203, *Ep. com.* Cette épigramme est de Palladas, comme Ronsard l'indique dans l'édition des *Œuvres* de 1567.

*
* *

De Possidippe.
Sur l'image du Tems.

Qui et d'où est...

Anthol. de Planude, n° 275. Dans cette épigramme sous forme de sonnet irrégulier, Ronsard désigne par

Le Conte, Nicolas Denisot, peintre et poète (Cf. Glossaire). Nicolas Denisot aurait donc peint le Temps sur la porte de Ronsard.

*
* *

Trop plus que la misere...

Ed^on Jacobs, n° 51, *Ep. morales.*

TRADUCTION DE QUELQUES EPIGRAMMES GRECZ.

(VARIANTES)

(1) Dans le palais il n'y a que procès,
> (*Œuvres* 1560.)

Aux Cours des Rois regne l'ambition ;
Les Senateurs sont pleins de passion ;
> (*Œuvres*, 1584.)

(2) L'indigence est une extreme douleur ;
> (*Œuvres*, 1584.)

(3) Donne toujours domestique souci ;
> (*Œuvres*, 1584.)

(4) Ny du grand Soudan aussi ;
L'or n'esclave point ma vie ;
> (*Meslanges*, 1554.)

Ny du grand Soldan aussi ;
L'or ne maistrise ma vie ;
> (*Œuvres*, 1560.)

Ny du grand Tartare aussi ;
> (*Œuvres*, 1586.)

(5) J'ay soucy tant seulement
De parfumer cointement
Ma barbe, et qu'une couronne
De fleurs le chef m'environne.
> (*Meslanges*, 1554.)

Je n'ay soucy que d'aimer
Moy-mesme, et me parfumer
D'odeurs, et qu'une couronne
De fleurs le chef m'environne.
Je suis, mon Belleau, celuy
Qui veut vivre ce jourd'hui.

          (*Œuvres*, 1584.)

[6] Qui (bons dieux !) pourroit connoistre
       (*Meslanges*, 1554.)
L'homme ne sçauroit cognoistre
       (*Œuvres* 1584.)

[7] Vulcan ! en faveur de moi,
Je te pri, depesche toy
De me tourner une tasse,
Qui de profondeur surpasse
Celle du vieillard Nestor,
Je ne veux qu'elle soit d'or ;
Sans plus, fais la moy de Chesne,
Ou de lhierre, ou de fresne ;
Et ne m'engrave dedans
Ces grans panaches pendans,
Plastrons, morions, ny armes :
Qu'ay-je soucy des alarmes,
Des assaus, ny des combas ? [1]
Aussi ne m'y grave pas
Ni le soleil, ny la Lune,
Ni le jour, ny la nuit brune,
Ni les astres radieux ; [2]
E ! quel soin ay-je des cieux,

---

[1] Des assaux, ou des combas ? (*Œuvres*, 1567.)
[2] Ny les Astres, ni les Ours ;
   Je n'ay souci de leur cours,
   Encor moins de leur charrete, (*Œuvres*, 1584,)

De leurs Ours, de leur Charette,
D'Orion, ou de Boete ?
Mais pein moy, je te supli,
D'une treille le repli,
Non encore vandangée ;
Pein une vigne. chargée
De grappes, et de raisins ;
Pein y des fouleurs de vins ; (¹)
Pein y Venus, et Cassandre ;
Laisses de Bacus espandre (²)
Le lhierre tout au tour ;
Pein y la Grace, et l'Amour,
Le nez, et la rouge trongne
D'un Silene, ou d'un yvrongne.

             (*Meslanges*, 1554.)

(⁸) De tous les biens le premier bien,
Aux creanciers ne devoir rien ;

             (*Œuvres*, 1578.)

Aux creanciers ne devoir rien
Est de tous bien le premier bien ;

             (*Œuvres*, 1584.)

(⁹) Qu'argent receu, desous la lame

             (*Œuvres*, 1584.)

(¹⁰) L'image de Thomas medite quelque chose,

             (*Œuvres*, 1584.)

(¹¹) Si tu es viste à souper,

             (*Œuvres*, 1584.)

(¹²) Et pour courir mal adextre,

             (*Bocage*, 1554.)

(¹) Pein y des fouleurs de vins,
    Le nez, et la rouge trongne (*Œuvres*, 1584.)

(²) Laiss'y de Bacus espandre (*Meslanges*, 1555.)

(^{13}) Les meurs, ny les Muses savantes,

(*Œuvres,* 1560.)

(^{14}) O toy ! qui a le cœur vestu

(*Œuvres,* 1578.)

Geometre, qui as vestu
Ton corps fait d'une fresle terre,
Pourquoy, trompeur, mesures-tu

(*Œuvres,* 1604.)

(^{15}) De te cognoistre, et ta nature,

(*Œuvres,* 1604.)

(^{16}) Aux naux il sert d'ancre tortue,

(*Œuvres,* 1584.)

(^{17}) Pourquoy sur les orteils vas-tu tousjours coulant ?

(*Œuvres,* 1584.)

(^{18}) Pourquoy as-tu les piés legers de doubles ailes ?

(*Œuvres,* 1584.)

(^{19}) Que te sert ce razouer affilé par le bout ?
Pour monstrer que je suis celuy qui tranche tout.
Pourquoy as-tu les yeux couverts d'une criniere ?

(*Œuvres,* 1584.)

(^{20}) Tel, peint au naturel, Le Conte me decueuvre,

(*Meslanges,* 1555.)

Tel, peint comme tu vois, le Conte me descœuvre,
Monstrant mon naturel par un si beau chef-d'œuvre.

(*Œuvres,* 1584.)

(^{21}) Pour sa suitte, une injure et un mesprisement.

(*Bocage,* 1554.)

SONET.

———

Ce sonnet n'a jamais reparu dans les œuvres du
poète, sauf dans l'édition des *Folastries* de 1584. Comme
le suivant, c'est un " blason anatomique ", dans le
goût mis à la mode par Clément Marot, et qui se
prolongea jusqu'au delà du recueil définitif de 1550.
Les premiers " blasons " parurent en 1536, sous le
titre de *Fleurs de poésie françoise*, à la suite de la traduction de l'*Hécatomphile* de Léon Battista Alberti. Ronsard a écrit d'autres pièces que l'on peut considérer comme des " blasons " : celles du sein, par
exemple, que l'on rencontre plusieurs fois dans les
Amours, ou celle du nombril, des *Amours Diverses* :
Petit nombril que mon penser adore. Celle de la langue :
Douce lancette à la couleur vermeille, parfois attribée à
Ronsard, fait partie de la *Priapée* de Jodelle ; elle a été
reproduite dans la *Quintessence satyrique*, 1622, sous le
nom de Ronsard, avec deux autres sonnets ; mais
l'attribution à Jodelle est catégorique dans le Ms. fr.
1662 de la Bibl. Nat.

(¹) De qui jamais la valeur ne deffaut,

        (*Cab. Satyrique*, 1618.)

(²) Est tousjours prest de choper et de poindre !

        (*Muse Folastre*, 1600.)

(³) Par qui l'on voit, combien à ton honneur

        (*Muse Folastre*, 1603.)

L. M. F.

———

(1) Je te salue, ô bien heureux pertuis,
                        (*Cab. Satyrique*, 1618.)
(2) Ayant ...tu seulement quatre nuicts,
                        (*Cab. Satyrique*, 1618.)
(3) Tous vers galans devroient, pour t'honorer,
                        (*Muse Folastre*, 1603.)
   Tous les galans doivent, pour t'honorer,
                        (*Cab. Satyrique*, 1618.)

GLOSSAIRE

ACRISIE. — Acrisius, roi d'Argus, père de Danaé, et grand-père de Persée, porta les armes contre Bacchus et refusa de le regarder comme fils de Jupiter. Acrisius fut tué par Persée en jouant au palet avec lui. Ainsi Bacchus sembla s'être vengé d'Acrisius, qui ne lui avait pas témoigné de piété. Cf. Ovide, *Met.* L. IV.

AGNIEN. — Surnom de Bacchus. C'est-à-dire : pur, saint, dont les rites sont purs. Les initiés devaient se purifier de leurs vices avant de célébrer les Mystères. Voir PANIER.

AINSIN. — Ainsi.

AMMIAN. — Ammien, ou Ammianus, dont il reste vingt-trois épigrammes, vécut sous Trajan et Hadrien. On pense que Planude travestit son nom sous celui d'Abbianus.

AUTOMEDON. — On lit dans tous les textes, *Antomedon.* (Correction.) Il y eut deux Automédon, l'un d'Etolie, l'autre de Cyzique. Ils vécurent dans le premier siècle de notre ère, sans que l'on puisse affirmer qu'ils furent contemporains. On ne peut, non plus, faire la part de chacun dans les onze épigrammes qui figurent sous le nom d'Automédon dans l'Anthologie Grecque.

ARCHETE. — Du grec *Archetas*, chef. Epithète de Bacchus.

Astrée. — Fille de Jupiter et de Thémis. Elle quitta le ciel pour la terre au temps de l'âge d'or, mais, chassée par les crimes des hommes, elle remonta au ciel, et prit place dans la section zodiacale nommée *Signe de la Vierge*. Le poète fait allusion à une conjonction planétaire. Voir Chien et Lion.

Avardin (L'). — Lire : *Lavardin*. Localité du Loir-et-Cher. Voir La Chartre.

Avertineuse trope. — *Avertin* signifie vertige, folie, mal qui détourne l'esprit. *Avertineuse trope*, troupe délirante.

Avoûs. — Contraction, encore en usage dans l'Ouest, de : *avez-vous*.

> " Avous encor, en son absence,
> De vostre Baïf souvenance ? "
>
> (Baïf. *Amours de Francine, III*.)

Bacchans. — Les Bacchantes et les Satyres, et tous ceux qui participaient aux Orgies.

Baleur. — Pour : *Balleur*, danseur. Epithète de Bacchus, parce que le vin faisait danser les Satyres et les Bacchantes, et qu'aussi le dieu institua des prix pour les meilleurs danseurs et musiciens.

Basard. — Pour : *Bassar*, ou mieux, *Bassare*. Le dieu Lydien Bassareus, assimilé à Dionysos. Ce mot vient du nom de la tunique de peaux de renards portée par les Ménades, ou Bassarides : en lydien *bassara*, renard.

Basare. — Voir ci-dessus.

Baugent (se). — Se retirent dans leurs bauges, lieux fangeux préférés des sangliers.

> " Au plus fort du taillis un gros hallier estoit,

Où pour bien *se bauger* le sanglier se mettoit. ”
(Ronsard, *Songe*.)

BEAUCOUPFORME. — Voir DOUBLE. Marulle dit : *Multiformis*.

BERLAM. — Ou *Berlan*, ou encore *Brelan*. Jeu de cartes. Tenir le Berlan à quelqu'un, dans le sens érotique : lui accorder l'acte vénérien. Le sens de *Berlan* s'est étendu, d'abord à la table de jeu, ensuite à la maison de jeu, et enfin à toute maison clandestine de basse débauche.

BONIME. — Superlatif de bon. Ronsard s'est ici directement inspiré d'un vers de Marulle :

Gemine, hospitalis, liber, pater, OPTIME, *maxime.*

BREZIL. — Chair de bœuf, séchée et fumée.

BROCHARS. — - Morceaux de bois, échalas. “ Sudes lignei parvuli quos vulgo *broccas* vocant. ” (Helinant.)

BROMIEN. — De *Bromios*, surnom de Bacchus. C'est-à-dire : nourricier.

BRUÈS (GUY DE). — “ Homme fort docte, dit Binet, et des mieux versez en la cognoissance du Droict et de la Philosophie, comme il a faict paroistre par certains Dialogues qui se lisent aujourd'huy ” (*Dialogues contre les nouveaux Academiciens,* 1557). Dans les ed. posthumes des *Œuvres* le nom de Bruès se trouve remplacé par celui de Binet.

BURET. — “ Un gros quignon *buret* de pain. ” Un lexicographe indique : *pain beurré*. Mais il faut ramener ce mot à *Bur*, de couleur sombre, *burrus ;* ou à *burel*, dont *buret* serait l'orthographe phonétique. *Burel*, brun roussâtre. C'est d'ailleurs le sens que contient ce vers de Sainct-Gelays dans l'Epigramme *de Roger et de Marion*, déjà citée :

Roger rongeoit un quartier de pain bis.

CAROLLE. — Danse en rond. Ronde.

CESTON. — Ceinture brodée, et particulièrement celle de Vénus, où se voyait le tableau des passions, des désirs, des joies et des peines d'amour.

CHAPELET. — Couronne de fleurs. Cf. Du Cange, au mot *Capitulum.*

CHARETTE. — Le Chariot celeste.

CHARTRE (LA). — Localité de la Sarthe, sur les bords du Loir, près du château de la Possonnière où est né Ronsard. M. Laumonier, dans son *Ronsard, Poète Gaulois.* (*Revue de la Renaissance* juillet-sept. 1902), et dans l'éd. Lemerre, 1919, est amené par ce détail géographique à penser que " les deux héroïnes de cette pièce habitaient le pays natal du poète. "

CHEVESTRÉ. — Lié, comme un captif.

CHIEN (LE) D'ORION. — Dans les constellations, le Grand Chien placé sous les pieds d'Orion, un peu vers l'occident. On sait qu'Orion, né d'une peau de bœuf, devint un grand chasseur, et qu'il défia Diane à la chasse. A la suite de ce défi, Diane le fit mourir de la pique d'un scorpion, et Jupiter le métamorphosa en une constellation qui amène les pluies et les orages. Voir LION et ASTRÉE.

CHOUSE-MOY. — Chose-moi. Dans le sens obscène de " *faire la chose à une femme,* " qu'on trouve dans le *Trio des IX Preux,* p. 144.

COLET.— Claude Collet, né à Rumilly, en Champagne, mort vers 1573. On lui doit quelques ouvrages, dont : *L'oraison de Mars,... où sont ajoutées aucunes Œuvres Poëtiques,* Paris, 1548, in-8 ; — une traduction du *Neuviesme livre d'Amadis de Gaule,* Paris, 1553, in-fol. ; —

l'Histoire Palladienne, traitant des gestes et faits d'armes et d'amours de Palladion, Paris, 1555, in-fol. ; — une traduction de *l'Histoire Æsthiopique d'Heliodore,* Paris, 1549, in-8. On trouve des stances à sa mémoire intitulées : *Aux cendres de Claude Collet,* dans les *Œuvres et Meslanges poëtiques* de Jodelle.

CORICIENNES (LES NYMFES). — Les Muses, ainsi nommées d'une nymphe Corycia, qui habitait un antre au pied du Parnasse.

CORTE. — Contraction de *Cohorte.*

ÇOTISSANS. — part. prés. de *cotir,* frapper, de *percutere.* " Et maintes fois tant à *cotissent* — Que tout en mer l'ensevelissent. " *Rom. de la Rose,* v. 5951.

COUNILLANT. — Particip prés. de *couniller,* ou *conniller* : chasser le lapin, un *counilleau,* ou encore *connil. Connil, connin* ou *conin,* ont le sens obscène du mot-racine : *cunnus.*

COUTRE. — La charrue. Allusion, dans ce passage, aux perfectionnements que Bacchus apporta dans l'Agriculture.

CRESPELET. — Diminutif de *Crespe,* bouclé.

CHRYPHIEN. — Surnom de Bacchus. C'est-à-dire, *caché,* à cause que Jupiter le cacha dans sa cuisse, et aussi par allusion aux mystères dionysiaques, aux mythe saisonnier que figure la fable de Bacchus.

CUISSENÉ. — Par allusion à la double naissance de Bacchus. En réalité, comme l'a fait remarquer M. P. Laumonier, ce mot est traduit de l'épithète marullienne *femorigena,* ainsi que l'expression *geant terrenez* de *terrigena cohors.*

DAIMON. — Intelligence, Génie, au sens absolu des Anciens, qui présidait aux actes des hommes, les conseillait et veillait sur eux.

DAULIENNES. — (Les). — De *Daulias*, surnom de
Philomèle et de Procné, nées à Daulie, l'une changée
en rossignol, l'autre en hirondelle.

DENYS. — Dionysos.

DERNIER. — Surnom de Bacchus, parce qu'il fut le
dernier dieu engendré par Jupiter.

DIPHYEN (LE BON BACCHUS). — C'est-à-dire de deux
natures, ou biforme. Bacchus était ainsi surnommé
parce que le vin rend les hommes ou gais ou furieux.
Voir ci-dessous.

DOUBLE. — Diodore parle d'un Bacchus à deux têtes
ou a deux formes. Il se retrouve sur plusieurs monu-
ments, où deux têtes adossées figurent, l'une un Bacchus
barbu, l'autre un Bacchus imberbe. Comme Bacchus
représentait l'élément mâle et femelle, la statuaire lui
donnait parfois les deux sexes. Il faut aussi entendre
que Bacchus est tour à tour terrible ou gai, pacifique
ou guerrier, printanier et automnal. L'épithète de *Beau-
couforme* s'explique par les diverses métamorphoses de
Bacchus, en lion, en taureau, en truie, en fleuve, en
flamme, en panthère, etc., que l'on rencontre pour la
plupart aux livres XXXVI et LXV de Nonnus.
Ajoutons que les Egyptiens confondirent tous les dieux
en Bacchus seul, ou Osiris.

DOUBLECORNE. — Surnom de Bacchus. Les mytho-
logues ne sont pas d'accord sur l'origine des cornes
du Dieu. Les uns veulent qu'elles représentent, comme
celles des fleuves, l'abondance ; les autres qu'elles
soient celles d'un bouc, dont il portait la peau. On
prétend encore qu'elles étaient le symbole de la force ;
enfin, l'on a identifié Bacchus à Moïse, cornu lui
aussi.

DOUBLES (Les) MÈRES DES AMOURS. — Les grecs

distinguaient *Eros* d'*Imeros*, appelés par les latins *Amor* et *Cupido*. Le premier doux et modéré, était fils de Vénus et de Jupiter, ou bien encore de Vulcain ; le second, violent et emporté, l'était, selon Alcée, de Zéphyr et d'Eris, ou, selon Hesiode, du Chaos et de la Terre. Entre autres diverses fables, nous croyons, d'après le sens pacifique que le poète donne à ses vers, qu'il faut rejeter Eris, ou la Dispute, et considérer Imeros comme le fils de la Nuit et de l'Erebe. C'était d'ailleurs la théogonie vulgairement acceptée chez les Egyptiens, créateurs du mythe bachique, et qui nommaient la nuit *Athyr*. Les Grecs la nommaient Euphrone.

EDONIDES. — Les Bacchantes, ainsi surnommées d'Edon, montagne de Thrace, où se célébraient les Orgies.

EMBLÉE (A L'). — A la dérobée, par surprise. Du verbe *embler*, enlever, ravir.

EMBLER. — Ravir.

ENCARQUELEZ (LES FRÈRES). — Les Amours. C'est-à-dire portant le carquois.

ENFANT (L') DE RHÉE. — Jupiter, fils de Saturne et de Rhée.

ESCOUILLÉ DE CYBELE. — Corybante. Les corybantes se châtraient dans leur délire.

ESTRANGER.— Verbe. Ecarter, éloigner. Cf.Cl.Marot:
    " .... pour tel mal *estranger*
    Besoing luy est d'eslongner la personne
    A qui son cueur enamouré se donne.

EUBOULIEN. — " De bon conseil. " Plutarque, dans ses *Propos de table* (IX et X), dit que le vin a la vertu d'échauffer non seulement le corps, mais aussi l'âme ; qu'il rend le corps pénétrable, et ouvre tous les pores de sorte que les imaginations le parcourent facilement, avec l'assurance et la raison. Ainsi, ajoute-t-il, Bacchus nous enlève toute crainte servile, défiance et timidité de l'âme ; il nous fait user de vérité et de liberté les uns avec les autres. La nuit, à cause de Bacchus, fut appelée Euphrone, c'est-à-dire Sage.

EVAN. — Un des surnoms de Bacchus. C'est-à-dire *bon-fils*.

EVANTES. — Les Bacchantes.

EVASTIRE. — Qui pousse les cris des bacchantes.

EVIEN. — Surnom de Bacchus. Inspiré, prophétique.

FARCIN. — La rogne.

FERES. — Bêtes féroces, de *fera*.

" Les *feres* ne troubloyent ce ruisseau voyager. "
                              (AMAD. JAMYN).

FÈVRE. — Artisan travaillant le bois, le fer ou les métaux précieux. Il s'agit ici d'un menuisier.

FLAMEUSE. — Adject. formé sur *flamme*.

FLUS. — Ou *Flux*. Jeu de cartes. La prime.

" Vrays innocens, au desroc dez et *flus*,
Comme Judas fut de la mort Jesus. "
          (JEAN MAROT. *De la fondation de Venise*.)

FOUYN. — Fouine.

GÉANTS MONTAGNES-PORTES (LES). — Pelorée, qui se servit du mont Peleon, Chéron, Alcyonnée, armé du mont Hemus, Typhon, chargé de la montagne Emathie, et autres géants de Thrace, que Junon révolta contre Bacchus à son retour des Indes. Il subjugua les uns en les enserrant de pampres et de lierre, et combattit les autres par le feu. Cf. Nonnus, L. XXVIII.

GERME DES DIEUX. — Bacchus, révéré par les Egyptiens comme le germe de toutes choses, était à l'origine de leur théogonie. Ils l'adoraient primitivement sous le nom d'Osiris, qu'ils prenaient pour le Soleil. Avec Isis, il représentait toutes les divinités particulières, et, outre qu'il eut d'Isis cinq enfants, Pan et Priape dérivèrent de lui. Le culte d'Osiris, rapporté en Grèce par les compagnons de Cadmus, eut une influence aussi considérable sur les mythes helléniques que celle qu'il avait eue sur les religions primitives de l'Orient. De l'Adonaï des Juifs, assimilable à Bacchus, sortit l'Adonis des Grecs, par exemple ; l'on pourrait, d'autre part, rattacher Jésus à Bacchus par Adonis, ainsi que par le miracle du vin aux noces de Cana et le mystère de la Transsubstantiation. A ce sujet, cf. P. Saintyves, *Les grottes dans les Cultes magico-religieux*, Paris, Nourry, 1918. Marulle dit : *Genitor deorum.*

GRANDIME. — Superlatif de grand. Marulle dit : *Maxime.*

GRATELLE. — Gale pustuleuse.

GRIGNON. — " Croûte graveleuse du pain, les tours et les bords d'un pain : d'où grignoner, grignoter... " (Roquefort, *Gloss. de la Langue Romane*).

HACHER. — Fendre l'air. " Le pigeon soubdain s'envole, *haschant* en incroyable hastiveté. " Rabelais, *Pant.* t. IV. 3.)

HAIM. — Hameçon.

HATELIER. — Endroit où l'on débite le bois en hastelles, ou bûches : " ...Aucuns charpentiers... ne tiennent *hastelliers* doresnavant ès terres ne au rain des forestes, si ce n'est dedans les ventes ordinaires. " (Lacurne de Ste Palaye. *Dict.*) Ce mot a encore le sens de *bienvenue* : " Icellui Perrot devoit sa bienvenue en la vente selon la coustume des bucherons ; ...icelluy Perrot ne voult paier son *hastellier*, c'est assavoir un gallon de vin. ” (*id. ibid.*) Il a eu aussi sens de *boutique*, et le mot *atelier* en dérive. Ici, il y a un sens érotique.

HAVET. — Croc, crochet à pendre la viande.

HEBRE, LE NEGEUX. — Fleuve de Thrace, où les bacchantes jetèrent la tête d’Orphée.

HYMENIEN. — Epithète de Bacchus. C’est-à-dire qui préside au mariage et à la joie. Ronsard emploie aussi *Hymenéan*.

JA. — Déjà. Maintenant. Bientôt.

IACH. — De *Iacchos*, appellation mystique de Bacchos. Cri que l’on poussait dans les bacchanales. Dans le texte, le tréma est porté sur l’*a* du premier Iach, pour différencier l’I voyelle de l’I consonne.

IMPIETEUX. — Sans piété, incroyant.

JANOT PARISIEN. — Baïf.

JANVIER. — Nos recherches sur ce Janvier ont été infructueuses.

JAUCHE MOY. — De *Jau*, coq, lat. *Gallus*, d’où encore Géline et Gélinotte. Cf. Rabelais : “ Et les foisoit danser comme Jau sur breze. ” *Jaucher*, en Touraine et en Poitou, se dit d’un coq lorsqu’il couvre la poule.

LAVACRE. — *Lavacrum*, bain.

LE CONTE. — Nicolas Denisot, qui signa de l’anagramme Le Conte d’Alsinois son premier recueil de vers, paru en 1545. François Ier disait plaisamment : “ Ce comté d’Alsinoys n’est pas de grand revenu, puisqu’il n’est que de six noix. ” La Cour de Fontainebleau le trouva bon compagnon. Il enseigna les belles lettres à Londres, aux filles d’Edouard Seymour, et reparut sous le règne de Henri II parmi les amis de Ronsard. On a dit qu’il essaya d’accréditer en France les vers mesurés, et qu’il aurait facilité la prise de Calais en 1558, par un plan qu’il en transmit au duc de

Guise, — car il était aussi adroit dessinateur. Il eut part, à ce titre, à la confection de la carte du Maine, parue sous le nom d'Androuet Du Cerceau. Enfin, l'on suppose, sans doute à tort, qu'il collabora à l'*Hepta-méron* et aux *Contes* de Bonaventure des Périers. On a de lui : *Noëlz par le comte d'Alsinoys, présentez à Mada-moyselle sa Valentine*, le Mans, 1545, in-12 ; — *Cantiques au premier advènement de Jésus-Christ*, Paris, 1553, in-8 ; *Le Tombeau de la reine Marguerite*, Paris, 1551, in-8, recueil formé par ses soins ; et, enfin, un volume de vers latins en l'honneur d'Edouard VI, conservé en manuscrit à la bibliothèque de Westminster.

Lion. — " *Ou de celuy qui le lion — aboye...* " (*Folastr.* V.) Il s'agit de la constellation du *Petit chien*, ou *Sirius*, chien dont Minos fit présent à Procris et celui-ci à Céphale, son époux, et que Jupiter plaça au ciel. Le poète fait allusion à une conjonction planétaire. Voir Astrée.

Loups. — Ulcères des jambes.

Lucil. — Ou *Lucilius*, poète que l'on croit d'origine latine et dont on possède cent vingt-quatre épigrammes, dont quelques-unes ont trait à des personnages ou des évènements contemporains de Trajan et Hadrien, des Antonins et de Néron. On sait par lui-même qu'il avait publié deux volumes de poésies et l'on conjecture qu'il était grammairien.

Luitte. *(De la fossette.)* Ancienne forme du mot *lutte*. Dans le sens du texte : Jeu de la fossette, où le joueur cherche à faire entrer sa bille dans le trou.

Luitton. — Lutin, diable. " Diable semble, ou *luitons* ou maufez. " *(Guill. au court nez.)*

Liberté. — " *La liberté, qui ayme mieux s'offrir — à la mort... — te doit.* " A cause du surnom de *Liber Pater*, donné à Bacchus. On le nommait aussi *Dionysius Eleutherus* : Bacchus délivrant. Plutarque, dans ses *Demandes des choses Romaines*, dit, à ce propos, que la plupart des hommes deviennent audacieux et se remplissent de hardiesse de parler quand ils sont ivres.

LYCHNITE. — Flambeau, ou lumière. De *lychnos*, et non de *Lienos*, van — le van mystique de Bacchus. D'ailleurs, Ronsard s'est inspiré de ce vers de Marulle :

   Salve, benigne lychnita, deum et pater hominum.

On sait que Bacchus représente le Soleil.

LYNEAN. — De *Limneus*, surnom de Bacchus, pris au culte qu'on lui rendait dans un quartier d'Athènes nommé Limnes. Ne pas confondre avec *Lyéan*, autre surnom de Bacchus, c'est-à-dire : qui délivre du chagrin.

LYSSIEN. — De *Lysius*, surnom de Bacchus, le même que *Lyæus*, c'est-à-dire *délivreur*, *délieur*. Il fut ainsi nommé parce que les Thraces ayant emmené les Thébains en captivité, il endormit les premiers et fit tomber les liens des seconds, ce qui leur permit de regagner Thèbes. Voir *Liber Pater*, à l'article PÈRE.

MANIC. — De *Manichos*, qui inspire la folie. Surnom de Bacchus.

MARTIAL. — Cet adjectif, appliqué à Bacchus, le désigne comme conquérant. Il faut encore entendre que le vin donne du courage au soldat.

MASSES (LES) MIDIENNES. — Lingots d'or. Le poète fait allusion aux trésors du roi Midas, qui avait obtenu de Bacchus de changer en or tout ce qu'il toucherait. " Il avoit fait fondre grant partie de son or en poz de terre là où l'on met vin outre mer,... et fict bryser les poz ; et les *masses* d'or estoient demourées à descouvert en mi un sien chastel. " (Joinville.

MEDEANS (LES ARS.) — De Médée, qui rajeunit Eson, père de Jason. Cf. *Folastr. IV*.

MILASSÉ. — Pour : *my-lassé*.

MIMALONS (LES). — Les Bacchantes et les Bacchants, ou Satyres, qui célébraient les Orgies sur le mont *Mimas*, montagne de l'Asie Mineure.

MIME. — Mimas, géant foudroyé par Jupiter et transformé en montagne. Voir ci-dessus. C'est sur cette montage que Bacchus vainquit les Géants. Voir *Rethe*.

MITOUIN. — Chat. Le poète veut dire que Catin contrefait le miaulement du matou. On a dit aussi *miton* et *mitouard* Cf. Joach. du Bellay :

> Le petit mitouard
> N'entre jamais en Matouard.

MONTOIRE. — Localité du Loir-et-Cher. Voir LA CHARTRE et AVARDIN (l').

MURET. — Marc-Antoine Muret, né à Muret (Limousin) en 1526, mort à Rome en 1585. Célèbre humaniste et professeur, il enseigna en diverses chaires, notamment à Bordeaux, où il eut Montaigne pour élève, et régenta la troisième au Collège du Cardinal Lemoine jusqu'en 1552. Ses cours étaient si brillants que Henri II et Catherine y assistaient. Sa notoriété lui suscita des jaloux qui le firent accuser du crime de sodomie. Il fut incarcéré au Châtelet. Elargi, il se retira à Toulouse, d'où il dut prendre la fuite, sur une nouvelle accusation. Condamné à mort par contumace, il vécut à Venise et à Rome, à la suite d'Hippolyte d'Este. Après un bref séjour en France au colloque de Poissy, il ouvrit à Rome un cours d'éloquence et de philosophie. Grégoire XIII, en lui décernant le titre de citoyen romain, l'appela le *flambeau et la colonne de l'école romane*. Il mourut dans les ordres, épuisé par le travail.

Ses *Œuvres* ont été recueillis et publiées à Vérone, 1727-1730, 5 vol. in-8.

MYSIE (SOLDART DE.) — Télèphe, fils d'Hercule et d'Augé. Il se mit à la tête des Mysiens pour épouser la fille de Teuthras, qui avait promis sa couronne à celui qui le délivrerait de ses ennemis. Après avoir remporté une victoire complète, il fut reconnu héritier du trône ; mais ayant su qu'Augé, fille de Teuthras, était sa mère, il épousa Laodice, fille de Priam. Cette alliance l'attachait au parti des Troyens, et lorsque les Grecs vinrent assiéger Troie, ils voulurent ravager les terres des Mysiens, les prenant pour un territoire ennemi. Télèphe s'avança pour les combattre. Dionysos, cependant, assistait les Grecs : il fit en sorte que Télèphe trébucha contre un cep, ce qui permit à Achille de le blesser dangereusement. C'est à quoi Ronsard fait allusion.

NAUTONNIERS (LES). — Allusion aux pirates Thyrréniens, métamorphosés en dauphins par Bacchus, qu'ils avaient voulu piller. Cf. Nonnus, Liv. XLV.

NAXIEN. — De *Naxos*, où l'on rendait un culte à Bacchus.

NICARCHE. — Nicarque vivait, pense-t-on, dans le premier siècle de notre ère. La plupart de ses épigrammes sont licencieuses ; parmi les trente-huit qui portent son nom, quelques-unes lui sont contestées. On les attribue à Rufin, Lucien, et Callicter.

NOMIEN. — C'est-à-dire *Législateur*, nom que les Grecs donnaient à Dionysos.

NUAU. — Nuage.

NYC. — Ancienne forme de nid. Cf. Roger de Collerye :

> Ne soiez longuement au *nic*

Mais poursuivez moy ric à ric
Vos amourettes, chault et sec.

NYCTELIEN. — C'est-à-dire dieu des fêtes nocturnes, ou *nyctélies*, consacrées à Bacchus.

NYSSIEN (L'ANTRE). — Ou plutôt : *Nysien*. De *Nyse*, montagne où l'on rendait un culte à Bacchus, surnommé pour cela Nisœus. Sa nourrice s'appelait également *Nyse*, ainsi que plusieurs villes de l'Inde, d'Egypte et de Grèce. Les nymphes qui élevèrent le dieu se nommaient *Nyseïdes*, ou *Nysiades*. Ronsard dit *Nyssiennes*.

NYSIENNES (LES NYMPHES). — V. ci-dessus.

ŒILTOREAU. — Surnom de Bacchus, a qui les Grecs donnaient des yeux saillants. Ils invoquaient aussi Bacchus sous le nom de *Digne Taureau*, parce que le premier il enseigna aux hommes à labourer la terre. Enfin, Bacchus fut primitivement confondu avec Mithra.

OMADIEN. — Surnom de Bacchus. C'est-à-dire assembleur tumultueux, par allusion aux fêtes des Triétéries, aux Orgies, aux Bacchanales.

OR. — Ou *or'*, pour : *ores*. A présent. Avec la répétion : *tantôt* l'un, *tantôt* l'autre.

ORION. — Voir CHIEN D'ORION.

OUTESOIF. — Ote-soif. Cf. *Folastr.* VII. Les textes postérieurs donnent d'ailleurs, *oste-soif*.

PALLADAS. — On sait par lui-même que ce grammairien natif de Chalcis, et qualifié d'Alexandrin, écrivait déjà en 369 sous le règne de Valens et de Valentinien. On sait de même, par une épigramme en l'honneur d'Hypatie, qu'il écrivait encore en 415, sous Arcadius. C'est le poète qui a fourni le plus de pièces à l'Anthologie, près de cent cinquante.

PANIER. — " *Le mystère, qu'un panier enclôt saintement.*"

Il s'agit du Van, symbole mystique de Bacchus, parce que les initiés devaient être purifiés du vice par des épreuves, comme le blé est séparé de la paille par le moyen du van.

PASCAL. — Pierre Paschal, né à Sauveterre en 1522, mort à Toulouse en 1565. Il accompagna à Rome le cardinal d'Armagnac, et il étudiait le droit à Padoue lorsque Jean de Mauléon y fut assassiné en 1547. Chargé par la famille de dénoncer le crime au sénat de Venise, il y mit tant de passion qu'il dut revenir en France pour échapper aux ennemis qu'il s'était attirés. Il se lia avec les amis de Ronsard, et reçut de Henri II une pension de 1,200 livres. " C'était, dit Du Verdier, un pur abuseur de monde, qui repaissoit les gens de fumée au lieu de rôt. " C'est qu'on ne trouva pas vingt feuillets, après sa mort, de la fameuse *Histoire de France* qu'il avait annoncée. Il a laissé : *Adversus J. Manlii parricidas actio*, 1548, trad. en franç.; *Henrici II elogium*, 1560.

PAU. — Pieu. " On avoit déjà dressé un échafaud au milieu de la place et le bourreau avoit dressé son *pau* horrible... " (*Merlin Coccaie, I, p.* 274) Le mot a ici un sens obscène.

PENTHÉE. — Roi de Thèbes, il ne voulut pas recevoir Bacchus à son retour des Indes. Il lui fit fermer les portes, mais elles s'ouvrirent d'elles-mêmes, comme reconnaissant le pouvoir du Dieu. Les habitants se barricadèrent, mais l'armée de Bacchus entra malgré leurs efforts, avec un cortège de bêtes féroces. Le Palais de Penthée s'écroula, ainsi que l'autel de son père Cadmus. Bacchus commanda à tous les citoyens terrorisés de célébrer les Orgies, et chacun se préparait à ce devoir, quand Penthée ordonna à ses sujets de lui

livrer ce Bacchus vagabond, dont il méprisait le vin et
les fêtes. Bacchus se métamorphosa sous la ressemblance
d'un serviteur, et tenta de convaincre Penthée. Les
miracles qu'il fit autour de lui étonnèrent le roi, qui
consentit à se rendre la nuit sur le mont Cythéron pour
assister aux Bacchanales. Là, il monta sur un arbre, où
il fut aperçu par sa mère Agave et sa fille Autonoé, qui
le montrèrent à leurs compagnes comme s'il eut été un
lion prêt à combattre Bacchus. Ces femmes le jetèrent
à bas en déracinant le sapin, et le mirent en pièces. Cf.
Nonnus, L. XLVI. La fable de Penthée est diversement
racontée.

Père. — Surnom de Bacchus, à cause du principe
mâle de fécondité qu'il représentait. *Bacchus pater*,
Lenæus pater. (Voir Liberté). On le nommait aussi
Liber pater, père de la Liberté, comme ayant procuré
la liberté aux villes de Béotie. Enfin, on l'appelait
encore Père et Fils d'Oubliance.

Poix. — Pois.

Portelierre. — Surnom de Bacchus. Le thyrse était
enguirlandé de lierre, plante sacrée à Bacchus.

Posidippe. — On ne sait rien de Posidippe, sinon
qu'il florissait plus d'un siècle avant Méléagre, qui
l'admit dans sa Couronne, sous l'emblème de l'anémone.
il y a d'ailleurs deux Posidippe, le nôtre, auquel
Athénée attribue deux poèmes épiques; et un poète
comique, duquel le scoliaste d'Apollonius le distingue
en l'appelant l'épigrammatographe. On possède une
vingtaine d'épigrammes du premier Posidippe.

Premier. — Voir Germe des Dieux.

Protogone. — Surnom de Bacchus. C'est-à-dire
premier engendré, ou crée. Bacchus fut, selon plusieurs
auteurs, le premier Dieu engendré d'une mortelle par

Jupiter. Sémèlé ne prit rang parmi les immortelles qu'après la descente de Bacchus aux Enfers, qui l'en retira, et obtint de Jupiter qu'elle fût transportée au Ciel sous le nom de Chioné.

PYMPLÉENNES (LES RIVES). — De la fontaine Pimpla, qui sort du mont Pimpleus, et qui était consacrée aux Muses. Cf. Horace, *Od.* I, 26, 8.

QUARTANNIER. — De quatre ans. *Quartenor.*

REBARBOTANT. — De *rebarboter*, répéter à voix basse.

RECOURSÉE. — Retroussée. " Recoursa ses manches jusqu'es coubtes. " (Rabelais, III, 8.)

RECREU. — Recru, harassé.

REMY. — Remy Belleau.

RETHE. — Rhœtus, un des Géants qui escaladèrent le ciel, et que dévora Bacchus, transformé en lion.

RHODOPE. — Montagne de Thrace, ainsi nommée de *Rhodope*, reine de ce pays, qui fut métamorphosée en montagne avec son mari Hémus.

RIBAUX. — Cf. *Folastr.* I, variante à ce vers : *Aux muguets qui s'en aprochent.* Il faut prendre ce mot, non dans son sens ordinaire de luxurieux ou de débauché, mais de rivaux en amour, et, partant, de courtisans. Ronsard, dans une note marginale, a d'ailleurs prétendu que *ribaud* ne venait pas de *ribaldus*, mais de *rivalis*.

RODATINE. — Pour Doratine, c'est-à-dire la Muse de Dorat, le maître de Baïf. On ne sait si Rodatine est un anagramme plaisant, ou simplement une faute d'impression. Cependant, les impressions postérieures de cette pièce, revues par Ronsard, portent toujours *Rodatine.*

ROUËR. — Substantif formé sur le verbe *rouer*, tourner.

ROUTIE. — Pour *roustie*, que l'on rencontre dans les éd. postérieures. Rôtie de pain.

Roy (Le). — Cf. *Folastrie III* : *Où le Roy mesme en personne.* Il s'agit de Henri II combattant Charles-Quint sur la Meuse.

Sagettent. — " *Mille fleches me sajettent !* " De *sagittare*, lancer une flèche ; *sàgitta*, être atteint d'une flèche.

Secretain. — Sacristain.

Segrès. — Secrets.

Semele. — Sémèlé, dite aussi Thyoné, fille de Cadmus et de Thebé. Aimée de Jupiter, elle en eut Bacchus.

Semonds. — Du verbe *semondre*. En ce sens: inviter, solliciter.

Songneuse. — Soigneuse.

Thebaines (Les). — Alcithoé, ses sœurs et ses servantes, qui, ayant travaillé la laine pendant que l'on célébrait les Orgies, furent métamorphosés en chauves-souris, et leurs toiles en feuilles de vigne ou de lierre.

Themis. — Dans les *Dithyrambes*, le poète nomme Thémis, parce que Bacchus était considéré comme le premier législateur, et que Thémis est la déesse de la Justice. Le passage est directement imité de Marulle : *Themide nympharum stipata coricidu choris.*

Thespiennes. — Les Muses, honorées à Thespie, ville de Béotie. Il ne faut pas les confondre avec les cinquante filles de Thespius, roi de Mysie, que celui-ci maria à Hercule, et qui furent appelées Thespiades.

Tourdions. — On a dit aussi *tordions*, pour contorsions lascives : "...C'estoit à qui en feroit de meilleurs contes de leurs lascivetez, de leurs *tordions*. " (Brant. *Dam. Galant.*)

Trac. — Chemin.

TRELUIT. — Reluit. " La lune *treluit* entre les fentes de la porte. " (Monet, *Inv. des deux Langues*.)

TRIBART. — " Gros bâton, bâton de paysan, de crocheteur ; bâton que l'on met au col d'un pourceau, pour l'empêcher de percer une haie ou de chasser. Dans le style burlesque, ces mots (*tribairt, tribard*), ont la même signification que *mentula*. " (Roquefort, *Gloss. de la langue Romane.*)

TRIÈTE. — Surnom de Bacchus. Voir ci-dessous.

TRIETERIQUES (LES FESTES). — Fêtes de Bacchus, qui se célébraient tous les trois ans.

TRIGONE. — *Trigonos*, épithète de Bacchus, non comme disent Creuzer (*Symbolique*, t. III, 475) et Gesner dans ses notes aux Hymnes Orphiques, parce que Dionysos était né de Proserpine, de Sémèlé et de la Cuisse de Jupiter, mais parce que trois mythes différents le faisaient naître soit de Proserpine, soit de Cérès, soit de Sémèlé. Sous un autre point de vue, *trigone* se réfère au triple Bacchus : égyptien, thrace et et thébain.

TRONCHE. — Tronc, gros morceau de bois. Cf. Remy Belleau :

" Des hauts pins esbranchés les *tronches* my cavées "
Dans notre texte, l'allusion est obscène.

VEILLARD (D'UN PIED). — Eveillé. C'est, comme le fait remarquer M. Paul Laumonier, l'expression même de Marulle : *insomni pede*.

VAGUE. — Adj. qual., employé substantivement au masculin, pour désigner l'immensité des airs.

VASQUINE. — Cotte, ou basquine. " Au dessus de la chemise vestoient la belle *vasquine* de quelque beau camelot de soye. " (Rabel. I.) " Corsets venant de Biscaye ; ils avaient des basques, d'où *vasquines*, en prononçant comme les gascons. " (Note de Le Duchat à l'*Apol. pour Hérodote*).

VERGESSE. — Nicolas Vergece, helléniste réputé de son temps, auteur de vers français sur la mort d'Adrien Turnèbe, et de quelques épitaphes. Neveu d'Angelo Vergece, helléniste comme lui, il était né à Candie, et mourut à Coutances en 1570.

TABLE DES POÉSIES

TABLE DES MATIÈRES

ACHEVÉ D'IMPRIMER LE DIX SEP-
TEMBRE MIL NEUF CENT VINGT PAR
L'IMPRIMERIE SAINTE CATHERINE,
QUAI ST. PIERRE, BRUGES, BELGIQUE.